DE L'AVENIR

DES

IDÉES IMPÉRIALES.

DE L'AVENIR

DES

IDÉES IMPÉRIALES

ET

DES CHANGEMENS A OPÉRER

DANS LE RÉGIME CONSTITUTIONNEL.

PARIS.

CHARPENTIER, LIBRAIRE,

PALAIS-ROYAL, GALERIE D'ORLÉANS, N. 7.

—

1840.

Imprimerie de Madame DE LACOMBE, rue d'Enghien, 12.

DE L'AVENIR

DES

IDÉES IMPÉRIALES.

La crise actuelle fait ressortir les vices du gou-
vernement parlementaire.

Depuis trois mois, un événement inattendu
est venu dissiper les rêves d'une quiétude presque générale ; la situation de l'Europe, telle
qu'elle est constituée depuis la paix de 1815,
est changée, on peut le dire, sinon dans le fait,
au moins dans le principe sur lequel cette paix
était assise. Et la France, qui depuis vingt-cinq
ans ne s'occupait guère que de ses affaires in-
térieures, se trouve tout-à-coup appelée à porter au-dehors l'ascendant de sa force. Que le
cabinet français ait été imprudent, qu'il n'ait
pas apprécié toute la portée et tous les engage-
mens de ses paroles et de ses écrits menaçans,
qu'il ait trop préjugé des forces de la France
en l'isolant et en rendant possible une lutte
d'elle seule contre toute l'Europe, qu'il ait placé,

en un mot, notre patrie dans l'alternative de commencer une guerre acharnée et la plus périlleuse de beaucoup qu'elle ait jamais entreprise, sans but bien défini, sans motif suffisant, ou bien de reculer après menace et en donnant à l'Europe railleuse le spectacle de la fanfaronnade la plus éhontée, c'est ce que nous n'essaierons pas même d'examiner ici. De la situation présente vis-à-vis de l'Europe, nous ne prendrons qu'un trait, sa gravité, qui est d'une délicatesse telle que de longues années seules de prudence et de force, de la part du gouvernement, parviendront à replacer la France dans une assiette honorable.

Vu les dispositions du pays et l'état des partis, le traité de Londres est un événement malheureux pour notre patrie. Mais, suivant nous, ce malheur aura porté avec lui une riche compensation s'il ouvre les yeux à nos concitoyens sur les vices du gouvernement constitutionnel tel qu'il a été compris jusqu'à présent.

Incapacité des Chambres pour la Diplomatie et pour la Guerre.

Le ministère se refusait à assembler les chambres : c'est l'instinct des affaires qui faisait sa résistance. Dans son bon sens, il comprenait qu'une fois les chambres assemblées, c'en était fait de toute action de diplomatie ou de guerre, que jamais le parlement ne consentirait à abdiquer son contrôle, ses investigations et ce droit d'initiative en toutes choses que depuis 1830 il s'est arrogé; qu'il ne se résignerait jamais à la nullité en accordant un blanc-seing à un cabinet quelconque; que le parlage de tribune allait remplacer le faire; et que la discrétion, la fermeté, la suite et le temps, indispensables au pouvoir, dans les affaires difficiles, allaient lui échapper dès le jour de la convocation.

Et en effet, par qui fut appelée et sollicitée cette convocation? par les adversaires du cabinet. Et dans quel but? non dans celui de donner une direction à notre diplomatie et à nos armées, mais dans le but de renverser le ministère. Faire et défaire des cabinets, l'occupation des chambres fut-elle jamais autre? Quant à diriger les affaires, c'est pour elles un point d'un intérêt inférieur.

C'est donc à son instinct pratique qu'obéissait le cabinet en se refusant à la convocation de cet obstacle, de cette négation qu'on appelle le parlement. Ainsi, c'est quand la situation devient critique que le gouvernement parlementaire devient dangereux. Nous le demandons à tous les hommes de bonne foi, est-ce avec des ministres réduits à se faire les commis des chambres que la France peut faire face à l'Europe?

Les partisans du gouvernement par les chambres s'appuient, nous le savons, sur l'exemple de la Convention, qui sut diriger par elle-même avec énergie les affaires de l'état. Mais ces partisans oublient toujours d'ajouter que cette Convention ne paralysait pas ses forces dans une lutte avec le pouvoir exécutif, vu qu'elle était elle-même ce pouvoir, et que pour les affaires de guerre et de diplomatie, elle eut toujours le bon sens de s'abstenir et de s'en rapporter aveuglément à des comités qui purent ainsi agir en toute autorité dans le cercle de leurs attributions. Et ajoutons que la Convention avait préalablement suspendu l'exercice de toute liberté en France, et que les journaux se taisaient alors.

Le moment est arrivé de fortifier le Pouvoir.

S'il est donc, en ce moment surtout, une idée politique autour de laquelle se rassemble l'universalité des honnêtes gens, c'est celle de fortifier le pouvoir, afin qu'il soit en position de se rendre digne de la haute tâche qui lui est assignée. Or, par quels moyens fortifier le pouvoir, et surtout le débarrasser des entraves créées par la forme constitutionnelle, sinon en s'inspirant des idées impériales ?

Les idées impériales se sont éclipsées pendant l'essai de constitutionalisme fait en France.

Pendant l'essai du constitutionalisme fait en France depuis 1815, et dont les illusions et l'engoûment ont gagné plus ou moins chacun de nos concitoyens, les idées impériales ont dû sommeiller. Il est temps aujourd'hui de leur restituer leur caractère français, leur bon sens, leur tact d'application et leur grandeur sans chimères. Nous devons croire qu'il était nécessaire à leur restauration que le constitutionalisme eût pour lui toutes les chances du succès, de la mode et de la vogue, et qu'aucune occasion, aucuns moyens ne lui manquassent de développer son savoir-faire et de mettre à nu ses fictions, ses leurres et ses mensonges.

Les idées impériales, délaissées par leurs chefs naturels, s'éclipsèrent le plus à une époque où, par les dispositions et l'à propos de la politique, il eût dû leur être plus facile de jeter tout leur éclat. Pendant l'existence de cette restauration si impopulaire, beaucoup plus impopulaire alors qu'elle ne nous paraît aujourd'hui l'avoir mérité, on vit l'opposition faire arme de tout, chercher dans les intrigues d'une comédie depuis avouée, les moyens de contrecarrer l'action du gouvernement et d'en pré-

cipiter la catastrophe, confondre dans l'unité
de vues d'une coalition persévérante les diver-
ses nuances de partis antipathiques au fond,
exhausser à son profit, par un charlatanisme
monstrueux, des médiocrités qui font aujour-
d'hui rougir même leurs adorateurs, et demander enfin à tous, pour couronner l'œuvre, ce
drapeau faute duquel avortent tant d'entreprises.

Et dire que pendant le déroulement des
quinze années d'une telle situation, les idées
impériales ne trouvèrent aucun promoteur.
Alors que par système autant que par passion,
la pensée publique était sans cesse occupée à
suivre dans le passé le vol de l'aigle dont elle
se plaisait à voir l'ombre obscurcir le drapeau
blanc, dire qu'alors les rois de la grande époque, enfoncés dans la solitude muette de leur
exil, ne surent pas parler à l'oreille attentive
de la France ! Et l'Empereur vivait encore, et
cette France qui l'adora comptait chacun de ses
soupirs à Sainte-Hélène. A cette époque, les
doctrines démocratiques n'existaient pourtant
pas encore ; par leurs promesses menteuses,
elles n'avaient point encore séduit le cœur de
ces bons ouvriers qui, en fait de politique, ne
connaissaient que l'Empereur ; elles n'avaient
point encore essayé de battre en brèche l'écha-
faudage impérial, et ce n'est pas alors qu'une
feuille politique eût eu le triste courage, qu'a

eu le *National* depuis la révolution de juillet, d'appeler l'Empereur des Français un *illustre aventurier*. Eh bien! avec des dispositions si favorables de l'opinion publique, dire que les idées impériales ne purent se relever de leur injuste décri!

Faute d'un foyer pour entretenir le feu sacré des doctrines napoléoniennes, il s'éteignit peu à peu, et l'on vit ce bizarre spectacle d'hommes qui avaient passé leurs plus belles années dans la pratique du système impérial, et qui sur la fin de leur carrière, reniant une politique qui avait fait leur gloire et celle de la France, se mirent à l'apprentissage de ce qu'on appelait le libéralisme, et essayaient de balbutier un catéchisme fabriqué de lambeaux empruntés à Voltaire, à Bentham, à Francklin et au génie de l'Angleterre.

Les princes impériaux laissaient ainsi s'éloigner d'eux les hommes sur lesquels ils auraient pu compter, et loin d'essayer de propager cette politique impériale qui, fort peu connue même aujourd'hui, l'était bien moins encore au commencement de la restauration, ils semblaient pousser eux-mêmes à son dépérissement. Combien de nobles cœurs, par désespoir de ne point rencontrer un parti français au milieu duquel ils eussent pu trouver refuge, se jetèrent dans ces doctrines pédantes et métaphysiques du libéralisme, dans cette politique de principes qui

n'admettant plus que des idées, nie la patrie,
la variété des peuples et des races, la tradition
historique, la passion nationale et l'expérience.
Ne croit-on pas voir la fortune prendre plaisir
à détacher les idées impériales des partis, des
factions et de leurs projets écourtés, pour pré-
parer leur résurrection à l'état de doctrine nationale? Et cette résurrection n'est-elle pas
merveilleusement préparée par l'établissement
passager de ce constitutionalisme dont les dé-
ceptions devaient être si amères?

Ce n'est donc plus comme l'âme d'un parti que
se représentent les idées impériales, mais bien
comme un évangile national destiné à supplan-
ter ce système constitutionnel qui n'engendra
jamais qu'anarchie et intrigues, qui n'a rien de
français, et qui ne convient qu'à une classe de
pédans dont les idées sont mal digérées. En at-
tendant que cette sublime et nationale doctrine
de l'empire soit reconnue et adoptée par tous,
que ceux à qui elle n'a jamais cessé d'être
chère se réunissent et en constituent le foyer.

Droits légitimes des Partis, et leur utilité.

Chaque parti ne peut avoir la prétention lé-
gitime de tirer de son sein une dynastie pour
l'asseoir sur le trône. Il est même des partis
qui, renonçant à un triomphe complet, bornent
leur ambition à influencer le plus possible un

gouvernement qui n'est pas précisément de leur goût. Les démocrates, eux, qui n'ont point de prétendant dynastique à fournir, comprenant bien d'ailleurs que ce n'est pas de leur vivant qu'ils peuvent espérer de voir le succès absolu de leurs doctrines, n'ont pas d'autre but raisonnable que de hâter journellement, pas à pas, l'application de leurs principes. Chaque parti représente un des côtés de la France, et pourvu qu'ils ne soient pas exagérés, ce n'est pas un mal, loin de là, qu'il y ait des partis. En dépit de ce que proclame une Charte qui contient tant d'abstractions métaphysiques, tant de leurres et tant de mensonges, les Français ne forment pas une seule classe. Bien que le corps des citoyens soit un, en ce sens qu'ils sont tous égaux devant la loi civile, il ne s'ensuit pas qu'ils forment un seul ordre dont les intérêts et les mœurs soient identiques. Alors même que par l'extension des droits électoraux les Français en seraient venus à être tous égaux devant la loi politique, cela ne voudrait pas dire qu'ils ne formeraient qu'une seule et même classe, un seul et même parti. Alors même que l'avenir se chargerait d'étendre sur la France le niveau démocratique, pendant des siècles on verrait encore dans notre patrie différens ordres de citoyens, différens partis. Pour quiconque vit ailleurs que dans un club ou un bureau de journal, il existe

en France des classes supérieures, de la bourgeoisie, du peuple, sans parler d'autres classi-
fications qu'il serait aisé d'établir sur la base
des mœurs, des intérêts et de la fortune. Les
légitimistes continueront d'exister comme parti,
même alors que leurs prétendans auront dis-
paru. L'impérialisme, de son côté, vivra par
l'influence de ses doctrines, même alors que
la destinée aura définitivement prononcé son
arrêt contre les prétentions des membres de
la famille impériale.

Il est dans les desseins de la liberté politique
que chaque parti, en se renfermant dans des
limites honorables, puisse montrer au grand
jour ses doctrines et produire ses représentans
dans les assemblées politiques et dans l'administration.

On comprend qu'au sortir de la crise révolutionnaire de 1830, le nouveau gouvernement,
prenant comme hostilité toute manifestation
libre d'un parti, ait proscrit par des lois violen-
tes tout ce qui n'était pas son dogme dans sa
pureté absolue. Et il faut dire à la justification
de ce gouvernement qu'au milieu des embarras
de son enfantement, il devait lui être permis
de se montrer sévère envers des partis qui ne
se faisaient pas scrupule d'employer contre
lui la conspiration à main armée. Mais une
fois le triomphe de ce gouvernement affermi,
une fois que les partis auront reconnu l'impuis-

sance des moyens violens, les efforts de ces partis ayant cessé d'être suspects, le pouvoir se verra contraint d'accepter leur influence, et de ce moment datera la nouvelle ère des idées impériales.

Elles sont bien peu de chose, nous dira-t-on: comptez-en les partisans. — La bonne foi nous force à convenir que le nombre est restreint de ces partisans qui, rêvant une réédification complète du système impérial, vivent purs de tout mélange avec les autres partis, dans l'attente d'une révolution qu'ils seraient prêts à favoriser par des moyens extrêmes. Mais si l'on entend par impérialistes ceux qui ont gardé un souvenir d'admiration pour la brillante époque qui s'étend de 1800 à 1814, et ceux surtout qui après avoir placé leurs espérances naïves dans les bienfaits à attendre du gouvernement constitutionnel, ont enfin ouvert les yeux sur les résultats d'une expérience de vingt-cinq années, ont dépouillé leurs illusions, et ont reconnu la fausseté d'un système emprunté à un peuple si différent des Français par les mœurs et par les institutions, alors nous dirons que les impérialistes sont très nombreux en France. A ce compte on trouvera des impérialistes dans les rangs du juste-milieu, des légitimistes et des démocrates; ce seront tous ceux qui ayant trop de bon sens pour nier l'existence du gouvernement actuel et qui ayant trop l'esprit pratique pour se tenir en dehors de la réalité, sentent néanmoins que pour sortir de l'anarchie du système parlementaire, il n'existe qu'un moyen, c'est de modifier ce système dans le sens du bonapartisme.

Le nombre de ces convertis ne fait journellement que s'accroître, et qui sont-ils? les meilleurs des Français, les hommes d'état et d'administration, les militaires, ceux qui mettent le faire au-dessus du parlage, ceux qui, tourmentés par l'amour de la grandeur nationale, placent le renom de la patrie au-dessus des prétentions libérales, ceux qui comprennent que pour agir avec puissance et avec gloire dans les affaires de l'Europe, la France a besoin d'un gouvernement fort.

Changement dans le régime constitutionnel.

S'il est un point de politique incontesté de nos jours, c'est le peu de foi dans la durée du système constitutionnel en France et l'attente anxieuse des modifications qui y sont inévitables.

Tant que ces modifications n'ont paru devoir être qu'une extension de droits électoraux et un agrandissement de l'action démocratique, elles ont rencontré une résistance résolue de la part de ceux qui estimaient le remède pire que le mal. Beaucoup d'honnêtes gens en effet adoptent la devise : tout pour le peuple, qui reculent devant la pensée de lui confier le gouvernement de l'état.

Mais si, au lieu de modifier le gouvernement constitutionnel dans ce sens anarchique, on proposait de le faire en fortifiant le pouvoir, l'immense majorité des hommes sensés de la France applaudirait au projet.

Au début de la guerre la liberté de la presse doit être suspendue.

A la veille d'une guerre sérieuse, comme nous le sommes aujourd'hui, les vices du gouvernement constitutionnel ont si bien frappé les bons esprits dès les premiers momens, qu'ils ont reconnu la nécessité, à la rupture de la paix, de suspendre la liberté de la presse.

L'exercice en effet de cette liberté, telle que nous la voyons pratiquée pour la guerre d'Afrique, rendrait inévitables les désastres et la perte de la patrie.

En 1800 le premier consul conçut le projet de passer les Alpes à l'improviste et de se porter sur les communications du général autrichien qui tournait ses forces sur Gênes. Pour tromper l'ennemi, il fait trompetter par toute l'Europe la formation d'une armée de réserve à Dijon. Il réunit dans cette ville quelques cadres et un nombreux état-major. Les cadres et cet état-major sont l'objet de la dérision et des caricatures de nos ennemis. Et pendant qu'ils nous persiflent, le premier consul fait filer sur Genève et réunit au pied des Alpes l'armée immortelle de Marengo. De tels prodiges eussent été impossibles avec la liberté de la presse. S'imagine-t-on des officiers, pareils à ceux du corps expéditionnaire du maréchal Valée, écrivant de Dijon aux journaux que le gouvernement trompe et trahit? s'imagine-t-on des députés de l'opposition montant à la tribune pour y lire patriotiquement ces mêmes lettres?

Bien des gens nous concèderont que pour le cas de guerre et de graves relations diplomatiques pendantes, la liberté de la presse et du parlement doit être suspendue, et ces mêmes gens persisteront peut-être à trouver le gounement parlementaire bon pour les circonstances ordinaires.

Vices du gouvernement parlementaire.

Un gouvernement est un. Il est impossible d'en concevoir deux, différens de principes et de formes, et se succédant suivant les circonstances ordinaires ou extraordinaires. Et qui se chargera d'établir la ligne de démarcation entre ces circonstances, et de décider le moment venu de destituer le premier mode de gouvernement pour le remplacer par son rival ?

Une telle combinaison est un enfantillage indigne de gens graves. Les circonstances extraordinaires tiennent aux circonstances ordinaires et sont engendrées par elles. C'est au milieu de la paix qu'éclate la guerre. Ce sont les ministres de la paix qui prévoient ou qui préparent la guerre. Même en temps ordinaire l'action du pouvoir doit être forte, et bien que les circonstances critiques modifient jusqu'à un certain point l'exercice de l'autorité, elles ne peuvent la changer jusque dans ce qui fait son essence.

Mais notre intention n'est pas d'abuser de la gravité des événemens pour critiquer le gouvernement parlementaire. Nous allons essayer de le juger, abstraction faite de toute circonstance extraordinaire et du point de vue français.

On se rappelle la célèbre note que de Burgos l'Empereur fit insérer dans le *Moniteur* de 1808, et qui encore aujourd'hui est en possession de scandaliser les amateurs du prétendu gouvernement représentatif. L'Impératrice avait reçu la députation que le corps législatif lui avait envoyée pour témoigner sa reconnaissance des drapeaux espagnols que l'Empereur lui avait donnés.

« Plusieurs de nos journaux, dit le *Moniteur* du 14 décembre 1808, ont imprimé que Sa Majesté l'Impératrice, dans sa réponse à la députation du corps législatif, avait dit qu'elle était bien aise de voir que le premier sentiment de l'Empereur avait été pour le corps législatif qui représente la nation.

» Sa Majesté l'Impératrice n'a point dit cela ; elle connaît trop bien nos constitutions ; elle sait trop bien que le premier représentant de la nation, c'est l'Empereur ; car tout pouvoir vient de Dieu et de la nation.

» Dans l'ordre de nos constitutions, après l'Empereur est le sénat ; après le sénat est le conseil-d'état ; après le conseil-d'état est le corps législatif ; après le corps législatif viennent chaque tribunal et fonctionnaire public dans l'ordre de ses attributions ; car s'il y avait dans nos constitutions un corps représentant la nation, ce corps serait souverain, les autres corps ne seraient rien et ses volontés seraient tout.

» La convention, même l'assemblée législative, ont été représentans. Telles étaient nos constitutions alors. Aussi, le président disputat-il le fauteuil au roi, se fondant sur le principe que le président de l'assemblée de la nation était avant les autorités de la nation. Nos malheurs sont venus en partie de cette exagération d'idées. Ce serait une prétention chimérique et même criminelle que de vouloir représenter la nation avant l'Empereur.

» Le corps législatif, improprement appelé de ce nom, devrait être appelé conseil législatif, puisqu'il n'a pas la faculté de faire des lois, n'en ayant pas la proposition. Le conseil législatif est donc la réunion des mandataires des colléges électoraux. On les appela députés des départemens parce qu'ils sont nommés par les départemens.

» Dans l'ordre de notre hiérarchie constitutionnelle, le premier représentant de la nation, c'est l'Empereur et ses ministres, organes de ses décisions ; la seconde autorité représentante est le sénat ; la troisième, le conseil-d'état qui a de véritables attributions législatives ; le conseil législatif a le quatrième rang.

» Tout rentrerait dans le désordre, si d'autres idées constitutionnelles venaient pervertir les idées de nos constitutions monarchiques.»

La Chambre des députés est-elle souveraine ?

Cette note, chef-d'œuvre de bon sens et de logique, suffit à expliquer les discussions sur le souverain qui depuis dix ans ont tant agité la presse française, et à indiquer les fautes commises dès 1830, et dont long-temps encore le repos de la France sera victime. La chambre des députés s'est attribué la fonction de représenter la France, et on a eu la bonté de reconnaître la légitimité de cette prétention. Le moindre inconvénient de cette usurpation, c'est de voir la chambre trancher du souverain, faire des rois et destituer des fournées de pairs. Mais si la chambre représente la nation, de là ne découle-t-il pas le droit pour chaque Français de concourir à la nomination de ces députés? Le suffrage universel est donc forcé, et certes une telle conclusion n'était guère dans la pensée de ceux qui posèrent les bases de l'omnipotence parlementaire.

Dans le sens de la note impériale, au contraire, pas de conséquence absurde; pas non plus d'exclusion anti-libérale qui laisse l'immense majorité des citoyens sans représentans dans le gouvernement de l'Etat. De la totalité des Français, les uns, les plus riches, les moins nombreux, concourent directement à la nomination de leurs députés, et les autres trouvent dans le chef de l'Etat, dans le sénat, dans le conseil-d'état, ceux qui se chargeront de veiller à ce que le corps législatif ne sacrifie pas les intérêts des pauvres aux intérêts des riches.

Eh bien! tel est depuis vingt-cinq ans l'ascendant pris sur l'opinion lettrée par l'hypocrisie métaphysique et libérale, qu'elle est parvenue à faire reconnaître la théorie d'omnipotence parlementaire comme plus libérale que celle de la note impériale. Les rhéteurs de la classe bourgeoise et les professeurs de démocratie sans mandat ont eu beau cependant répandre leur doctrine intéressée, le peuple n'a pas été dupe de ces hypocrites, et encore aujourd'hui il trouve le gouvernement de l'Empereur plus libéral que les deux chartes qui depuis vingt-cinq ans ont été en possession de corrompre la morale et l'esprit publics.

Corps législatif de l'Empire.

Il est de bon goût parmi MM. les bourgeois de tourner en ridicule les *muets* du corps législatif. Eh! plût à Dieu que MM. les députés d'aujourd'hui fussent *muets*. Nous aurions moins de beaux discours, et probablement plus de bonnes lois. La parade jouée par les députés à la tribune n'abuse que les personnes de la province qui n'ont jamais mis les pieds dans le palais Bourbon. Pourquoi faut-il que tous les Français ne puissent assister, quand ce ne serait qu'un jour, à ces joûtes d'avocats? Un tel spectacle suffirait pour dissiper cette illusion qui abuse malheureusement la France depuis un quart de siècle, qui l'énerve, en fait un bas-empire et ne profite qu'aux bavards.

Dans le corps législatif des *muets*, c'étaient des discussions profondes et substantielles entre des conseillers-d'état qui avaient préparé les projets de lois et les membres d'une commission de députés qui, après avoir étudié le sujet et après avoir conféré avec les conseillers de la couronne, bornaient au cercle pratique les modifications qu'ils proposaient. Ainsi, par des conférences préliminaires étaient évités des débats inutiles; ainsi les projets de loi qui ne réunissaient pas l'assentiment des commissaires restaient dans les portefeuilles dont ils n'auraient pu sortir que pour causer du scandale. Ainsi les lois n'étaient ni tronquées ni rendues informes et impraticables par les amendemens des députés.

Chambre actuelle.

Avec la forme des débats tels qu'ils sont conduits dans la chambre actuelle, que voyons-nous ? Des discours et toujours des discours; la moitié au moins des séances consacrée au récit de théories dignes de servir de préface à une déclaration des droits et des devoirs civiques, théories qui se répètent annuellement avec une constance qu'explique seul l'engagement de *parler* exigé par l'honneur des arrondissemens, et qui remettent incessamment en question jusqu'aux bases de l'ordre politique ; et comme pendant à ce luxe de rhétorique, une négligence incroyable pour la confection des lois spéciales dont les projets ministériels sont défigurés avec une ignorance qui n'appartient qu'au génie universel de l'avocasserie.

Manœuvres des Députés.

Si de l'action officielle de la chambre nous portons nos regards sur ses manœuvres qui, pour être cachées, n'en sont pas moins réelles, nous apercevons les députés envahissant la direction administrative, s'insinuant dans les ministères, s'avilissant dans les antichambres, dépensant la plus grande partie de leur activité à solliciter des emplois destinés à satisfaire l'avidité de leurs commettans, troquant des promesses de votes contre des promesses de places, et donnant la plus grande évidence à cette observation que leur siége à la chambre n'est qu'un piédestal pour leur ambition personnelle.

Avec une telle chambre, les ministres, dès le premier jour de la session, inévitablement enlevés aux travaux de leurs départemens, n'ont plus pour unique occupation que de défendre leurs portefeuilles contre la rapacité des rivaux, que de contreminer les coalitions et se composer une majorité. L'instabilité ministérielle, fruit de cette anarchie, énerve la hiérarchie des administrateurs, et déconsidérant le pouvoir, rend impossible la réalisation des grands projets de travaux publics, de politique ou de diplomatie qui demandent de la suite et

qui jamais ne sont que l'œuvre des longs ministères, seuls capables de former les grands ministres. La tradition administrative, qui n'a pu vivre
jusqu'à aujourd'hui que grâce à l'énergie de sa
création impériale, peut-elle ne pas succomber
bientôt à ce régime d'intrigues, à cet ôte-toi de
là que je m'y mette !

Elections.

Mais la chambre des députés aurait-elle pu
être différente de ce que nous la voyons, devant
la vie à la misérable loi électorale qui nous régit ? Si jamais scandale a été offert par le monde
politique en France, sans en excepter le règne
honteux des Pompadour et des Dubarry, scandale où se combinent la vénalité et la bassesse
recouverts souvent du voile du bien public,
c'est celui qu'offre notre patrie au moment des
élections. C'est au cynisme des mœurs politiques de l'Angleterre qu'était dévolue la tâche
de faire disparaître cette délicatesse et ce point
d'honneur qui avaient toujours surnagé en
France, même aux époques honteuses. Tant de
manœuvres corrompues, où la dignité de l'administration vient se perdre pêle-mêle avec la
considération des citoyens, ne pouvaient que
produire une chambre sans respect ni autorité,
et il est interdit à la France d'espérer être dé-
dommagée d'un tel manque de vertu par les

ressources d'esprit d'un tel corps, la loi étant combinée pour ne faire sortir des colléges électoraux que des choix médiocres, et les huissiers, usuriers et notaires des départemens étant ceux qui disposent souverainement des votes des électeurs de campagne.

Quel est l'honnête homme en France qui n'a pas été choqué des vices que nous venons de signaler? Quel est celui qui n'a pas gémi de voir une cause restée mystérieuse jusqu'à aujourd'hui donner comme expression d'un peuple loyal et chevaleresque une chambre sans dignité, sans noblesse et sans élévation (1)?

Remèdes au vice électoral.

Cette cause, nous l'appelons à dessein mystérieuse, car on ne l'a point encore révélée. Réforme, abaissement de cens, extension des droits électoraux, sont les seuls remèdes indiqués par les journaux jusqu'à présent. Si la maladie de la France ne pouvait être guérie que par eux, il ne nous resterait plus qu'à gémir sur son sort, car nous ne saurions avoir foi dans l'homœopathie politique que proposent les journaux libéraux.

Le mal qui ronge notre patrie et qui la rend si peu semblable à ce qu'elle fut sous l'Empe-

---

(1) Voir la manière dont M. de Chambray, à la fin de la brochure, note A, juge le gouvernement constitutionnel.

reur, sous Louis XIV, sous Henri IV, sous François Iᵉʳ, à ce qu'elle fut tant qu'elle garda son caractère français, c'est, on en convient, l'inoculation du système anglais, c'est l'application de la loi électorale de 1830. Et on a la bonhomie de croire qu'en développant la cause, on produira un effet tout opposé !

Étendre le droit électoral, ce n'est pas faire autre chose qu'étendre la cause du mal dont souffre la France. Nous éprouvons ici le besoin d'une parenthèse pour bien répéter que notre intention n'est pas de défendre la loi électorale de 1830 ; mais nous ne saurions guère espérer d'autres fruits d'une loi qui, par exemple, étendrait le cercle électoral jusqu'aux gardes nationaux. Les choix d'officiers faits jusqu'à aujourd'hui, surtout dans les campagnes, sont — ils d'ailleurs de nature à soutenir les espérances des réformateurs? Pour le choix des électeurs comme pour le choix des gardes nationaux, l'origine est entachée du même vice. Ce vice, nous allons le signaler, et une fois cette tâche accomplie, il nous sera facile de démontrer que le remède ne saurait être autre que l'application du système napoléonien.

Politique du Libéralisme.

La politique du libéralisme, et le libéralisme embrasse toutes les nuances depuis le partisan de la Charte de 1814 jusqu'au partisan du suffrage universel, repose sur les droits de l'individu, reconnu comme principe et premier élément de la société. Cette politique des droits de l'individu, de la souveraineté personnelle, sort en ligne directe de la philosophie du dix-huitième siècle. C'est le protestantisme en politique. Engendrée par l'abus de l'autorité, cette politique ne consiste qu'à nier toute autorité. Blessé par la monarchie, le libéralisme lui a opposé les droits de chacun, la souveraineté individuelle. Aussi la Charte du libéralisme ne parle-t-elle jamais que de droits, oubliant qu'à chaque droit elle devrait *au moins* faire comprendre un devoir.

Dans une association d'égoïstes pour constituer une société, on concevrait que chacun stipulât en sa faveur la jouissance d'un droit en retour du devoir qui lui serait imposé. Les États-Unis offrent un tel spectacle. Mais une société ainsi faite ne serait garantie en rien contre les chances d'une dissolution ; elle serait dépourvue de cette force qu'on appelle nationalité, qui doit tendre sans cesse à se développer avec ambition, et elle se trouverait désarmée devant les agressions des voisins. Cet amas d'égoïstes, sans dévouement à la patrie, ne saurait suppléer en rien, par les efforts personnels de chacun, à la faiblesse du pouvoir central, et, soit par une consomption naturelle, soit par une invasion, on verrait bientôt arriver la fin de cet empire.

Philosophie du dix-huitième siècle.

Cette politique et cette philosophie des droits individuels furent érigés dans le dix-huitième siècle, et elles ont malheureusement étendu leur influence jusque sur le dix-neuvième. Le dogme en a été appelé l'*égoïsme bien entendu*. C'est cet égoïsme qui, suivant les libéraux, suffit à former la vertu des individus et la grandeur des États.

S'il est au monde un fait consacré par l'expérience, c'est que *cet égoïsme bien entendu* des lettrés n'a su jamais produire, sous le manteau de l'hypocrisie, que les vices flétris et combattus par toutes les religions connues.

Il était réservé à cette doctrine de déclarer l'inutilité et le danger de la charité chrétienne, par l'organe de Francklin qui, en essayant d'établir que chacun porte en soi la science de la richesse, dispense ainsi le riche de tout devoir évangélique.

Il était réservé à cette même doctrine, par l'organe de Bentham, de classer les crimes non d'après la bassesse du criminel et les motifs de son délit, mais d'après le dommage causé à l'offensé.

Il était réservé à cette même doctrine à l'instar d'un pays voisin où des sociétés pieuses inondent le monde entier d'exemplaires de la Bible, de répandre parmi le peuple le Voltaire-Touquet, de faire circuler dans un but politique la *Pucelle d'Orléans, Candide* et tous ces contes où la vertu est tournée en dérision, où la religion chrétienne est baffouée, où le matérialisme est ouvertement professé, où les idées de patrie et de dévoûment sont conspuées, avec toutes les séductions de l'esprit.

Il était réservé à cette même doctrine du libéralisme de professer que là où est le bien, là est la patrie, qu'elle est indépendante du sol, que notre patrie c'est le pays où sont pratiqués nos principes politiques, doctrine digne d'être enfantée par ce protestantisme français, qui cherchant des compatriotes de l'autre côté du Rhin, appelant l'étranger sur notre territoire, fut sans cesse en conspiration contre l'autorité centrale de la monarchie.

Il était réservé au même libéralisme d'applaudir M.. Cousin professant en chaire que Waterloo avait été un bienfait pour la civilisation, et d'approuver ce cosmopolitisme inventé pour débarrasser ces tristes citoyens de leurs devoirs envers la patrie.

Pour nous résumer en un mot, le vice fondamental de ce libéralisme c'est l'égoïsme, c'est l'application exagérée des droits de l'individu, c'est le mépris de l'autorité.

L'égoïsme, base de la philosophie du dix-huitième siècle et du libéralisme.

En plaçant l'individualité comme base du système politique, les libéraux supposent l'homme parfait. Lâcher la bride aux volontés et aux passions de chacun, telle est la maxime gouvernementale qui pour eux tient lieu de toutes les autres maximes. Jusqu'à eux il avait été professé par tous les grands hommes qui produisirent des codes de morale ou qui fondèrent des sociétés, qu'à l'homme sont attachées de bonnes comme de mauvaises passions, et que l'art de gouverner consiste à encourager les unes et à châtier les autres. Cette manière de voir a paru surannée aux libéraux modernes. Favoriser le développement des volontés individuelles, tel est l'unique but de leurs institutions politiques, et toute action de l'autorité, tout moyen entre ses mains d'arrêter ou de corriger le mauvais élan de ces volontés, leur deviennent par cela même suspects.

L'histoire des cinquante dernières années de la France n'est-elle pas là pour nous montrer la fidélité des libéraux dans leur système de flatterie à l'égard du peuple, et depuis ceux qui ne surent trouver aucune parole de blâme envers les hommes qui commencèrent l'ère des massacres sur les infortunés défenseurs de la Bastille, jusqu'aux lâches qui, l'arme au bras, permirent à des misérables égarés d'abattre du sommet des églises de la capitale le symbole du Christianisme, et eux-mêmes firent disparaître l'image du Sauveur de l'enceinte de nos tribunaux, ne reconnaît-on pas l'affiliation des mêmes flatteurs du peuple?

La nature de l'homme, pour être analysée, n'avait pas attendu la venue des philosophes du dix-huitième siècle, et les réformateurs du monde, même celui qui vint sur la terre promulguer la loi d'amour, trouvèrent, dans leur tâche divine, la part du châtiment et de l'effroi aussi grande que celle de la récompense et de l'encouragement. Et cette loi de toute vérité quant aux individus, on n'en voudrait tenir aucun compte dans la confection des codes politiques! et l'on voudrait désarmer l'autorité, après l'avoir préalablement entourée de soupçons?

Ce n'est pas seulement les hommes mûris par l'expérience du monde qui s'opposeront à l'anéantissement de toute autorité dans la direction des états. A ceux-là viendront en aide tous les nobles cœurs qui, sensibles à l'influence de la religion du Christianisme, repousseront la doctrine qui remplace la charité par la méfiance, et appelle, comme M. Say, le pouvoir un chancre qu'on ne saurait trop réduire.

Exagération, falsification du principe de liberté.

Cette individualité exagérée, si fertile depuis un siècle en funestes résultats pour notre patrie, s'est mise à couvert sous le principe de la liberté. La liberté, certes, sera à jamais chère à tous ceux qui portent dans leur cœur le sentiment de la dignité de leur nature. Défendre sa liberté est la tâche de chacun, et c'est un droit qu'exerce suffisamment cet intérêt humain qui ne sommeille jamais. Le plus beau titre de la liberté, c'est d'être la gardienne de notre dignité. Mais comment caractériser un charlatanisme qui, dénaturant la forme d'un sentiment tout d'égoïsme, est parvenu à donner à l'amour de la liberté toutes les couleurs du dévoûment, et a établi, par conséquent, que cet amour suffisait à remplir en entier le cœur du bon citoyen?

Aimez la liberté, c'est bien; mais avant la liberté, aimez votre devoir, aimez votre patrie. Aimez la liberté, c'est pour vous. Aimez votre patrie, c'est un devoir, et placez-la au-dessus de la liberté. *Non nobis, Domine, non nobis, sed patriæ da gloriam.* Eh bien! ces notions si simples, l'intrigue, depuis un siècle, a réussi à les pervertir. Ce n'est pas en Amérique, cette école politique à la mode, que le libéralisme aurait pu apprendre à classer convenablement la liberté et la patrie, dans ce pays où l'individu occupe la première place, laissant la seconde aux États, et la troisième à la patrie.

Dans une société bien organisée, l'Etat demande à chacun le sacrifice d'une partie de sa liberté, et dans tous les siècles, on vit l'égoïsme protester contre cette première condition d'existence d'un pays. La philosophie du dix-huitième siècle et le libéralisme, son digne fils, ont fait tous leurs efforts pour rogner la quantité du sacrifice exigé, revêtant habilement et hypocritement leur système des couleurs les plus honorables.

Les Etats ne périssent que par excès de liberté.

Quiconque a réfléchi à la formation et à la décadence des états, a pu se convaincre que s'ils ont constamment dû leurs développemens à la vigueur de l'autorité, leur chute fut toujours produite par l'excès de liberté ou par l'envahissement de l'individualité. Jusqu'au quatorzième siècle, la Pologne fut forte et glorieuse, et sa domination s'étendait jusqu'à Kiew et Moscou. L'autorité du gouvernement était alors respectée, et le sentiment de la liberté chez les Polonais ne songeait pas à faire obstacle au pouvoir et se fondait dans la gloire de la patrie. A dater du quatorzième siècle, on vit les Polonais, trop épris d'amour pour leur liberté et leur individualité, refuser au pouvoir central l'ancien concours de leur fidélité, protester contre l'oppression du gouvernement, et s'engouant des théories du libéralisme, accroître les libertés des provinces et les priviléges des assemblées politiques de toute la force qu'ils arrachaient à l'autorité exécutive. Malgré la voix prophétique du grand Tarnovski, qui déjà au seizième siècle criait à ses concitoyens : Polonais, rappelez-vous le bien, vous ne périrez que par l'avocasserie de vos nonces du parlement, les Polonais persistèrent, et le pouvoir s'affaiblit chaque jour davantage. Mais cette Russie, dont jusque-là avait si facilement triomphé la Pologne tant qu'à sa tête s'était trouvé un gouvernement fort, avait enfin rencontré un digne chef. Ce chef, reconnaissant quelle avait été jusqu'à ce moment la faute de sa patrie, et profitant de l'exemple que lui offrait la Pologne, dans son passé à imiter et dans son présent à fuir, employa dès-lors l'ascendant de son génie à briser les résistances anarchiques et à augmenter la force du gouvernement. Chacun connaît les suites de ce grand enseignement; chacun, en plaignant la Pologne, doit demander à la conscience de son propre patriotisme aide pour éviter la conduite de la malheureuse nation; et chacun, assistant au triomphe sans cesse ascendant depuis plus d'un siècle de la vieille Moscovie , doit remonter à la cause de cette gloire et apprendre à sacrifier quelques parties de sa liberté personnelle, si ce sacrifice doit servir à la grandeur de la patrie.

Les Etats se forment souvent au détriment de la liberté.

Nul doute que la marche habile et envahissante du gouvernement de Saint-Pétersbourg, n'écrase beaucoup d'individualités sous ses pas, et s'il était vrai, comme le dit le libéralisme , qu'un gouvernement ne fût institué que pour procurer la plus grande somme de bien–être à chacun de ses sujets, il faudrait condamner la manière dont ce pouvoir s'acquitte de sa tâche. Mais de même que l'homme ne vit pas pour se consacrer au culte de son intérêt personnel, de même un peuple n'adopte pas le principe qu'il n'existe que pour le bonheur de chacun des individus qui le composent, et de même il repousse l'ignoble maxime professée par la bourgeoisie française : chacun chez soi, chacun pour soi; et un souverain, dédaignant ces considérations des droits personnels, de liberté individuelle à l'égard de quelques sujets , ose alors les fouler aux pieds quand un tel acte est nécessaire à sa politique, est exigé par la grandeur de l'état et par la mission que Dieu donne à quelques peuples privilégiés.

*Sacrifices de certains droits que tout bon ci-
toyen doit faire à sa patrie.*

Que les bons citoyens apprennent donc à su-
bordonner leurs droits individuels aux intérêts de la patrie, et que l'amour de cette patrie
leur procure des joies qu'ils chercheraient en
vain dans l'exercice de leurs priviléges personnels. Mais nous serions mal venus à demander
de tels sacrifices à nos concitoyens, si la France
devait être maintenue dans cet état honteux où
elle gémit depuis vingt-cinq années. Ce n'est
qu'à une patrie glorieuse qu'il peut être doux
de se dévouer en esclave. Pendant les quatorze
années du consulat et de l'empire, chaque
Français n'était-il pas ravi d'abdiquer ses droits
personnels en faveur de l'homme qui portait
si haut le renom de la patrie? Les cœurs en
France battirent-ils jamais si fort et si noble-
ment? Et qui alors songeait à se plaindre ou à
blâmer la conduite des affaires? C'était à un
autre régime à produire cette race de mécontens si nombreux aujourd'hui que le caractère
national en est altéré. Permis à M. de Rémusat
d'écrire : « qu'il aime son temps avec passion,
et qu'il ne regrette ni les pompes de Versailles,
ni les trophées impériaux de Notre-Dame; »
bien peu seront de son avis, et si une partie de
ces mécontens songe à substituer aux platitu-

des du temps présent le règne démocratique des assemblées, c'est qu'ils regardent comme impossible le retour de l'ère brillante de l'empire.

Invasion de la métaphysique dans la politique. — Imitation anglaise.

Notre cause est aisée, dira-t-on, tant qu'elle se borne à faire la critique du triste spectacle offert aujourd'hui par la France. Mais si nous montrons la source de cette décadence, n'aurons-nous pas fait un pas dans la voie du remède? L'invasion de la métaphysique dans la politique, et l'imitation anglaise, voilà les deux plus grands maux dont soit affligée notre patrie et dont il nous reste à développer les causes et les effets.

Vieille France.

La philosophie du dix-huitième siècle trouva une nation et des institutions formées en France d'après une règle qui est encore restée mystérieuse pour la science. Y a-t-il eu des progrès constans dans les phases successives de cette civilisation? C'est ce que nul n'explique encore aujourd'hui d'une manière satisfaisante. Comment s'était formée cette nation française? Le même mystère plane sur la solution de ce problème. Tout ce que l'on sait d'une manière certaine sur ces grandes questions qui intéressent à un si haut point l'avenir de la France, c'est que la religion catholique a eu une part considérable dans cette formation de notre nationalité; c'est que l'influence des lois adoptées par les peuples de la vieille Allemagne s'est étendue jusqu'à nos jours; c'est que plusieurs races, différentes d'origine, de mœurs et d'organisation physiologique, ont concouru, en se superposant d'une manière féodale, à composer la population de notre patrie.

Après nombre de siècles et des vicissitudes politiques comme en offrent peu de nations, après une agitation historique des plus fécondes, et où le rôle de la royauté domine les rivaux par sa constance, son énergie et sa sagesse, la France parut arrivée, sous Louis XIV, au terme d'une course. La formation de l'état semblait consommée, et les esprits inquiets, n'entrevoyant plus rien pour l'avenir politique de leur patrie, s'abandonnèrent alors au délire des rêves et des fictions, et se soumirent, pour des affaires d'état, aux conclusions absolues de la métaphysique.

Au beau règne de Louis XIV, par une de ces volontés de la Providence que nul encore n'est parvenu à interpréter à notre satisfaction, succéda le règne le plus honteux de notre histoire; et politique, religion et morale, on vit tout se pervertir en France. Les institutions ne marchaient plus que par la force antérieurement acquise. Elles ne vivaient plus dans le présent. Chacun, dans cette malheureuse époque, méprisait et les hommes et les choses. Aucune modification n'était essayée dans les lois, et les gouvernans auraient craint de porter la main à un édifice qui, au moindre choc, pouvait d'un moment à l'autre tomber en poussière. De sorte que cette société française qui, par ses mœurs et ses idées, vivait à si grande distance des mœurs et des idées de ses aïeux, se sentait cependant régir, plus nominalement, à la vérité, qu'effectivement, par des institutions vieilles de plusieurs siècles. Depuis Louis XIV, bien des changemens avaient été faits dans l'administration; toutefois les formes de la propriété n'avaient subi que peu d'altérations. Ce sont ces formes qui firent, pendant le dix-huitième siècle, un si grand contraste avec les nouvelles idées de la philosophie, motivant ainsi les réclamations raisonnables, et servant davantage encore l'esprit de déclamation.

Comment attaquer avec le plus de succès ces vieilles institutions françaises qui, malgré les graves et nombreux abus qui les infectaient, n'en étaient pas moins la vie de l'état, de la province, de la commune, de l'individu, de la justice, de l'administration et de l'armée?

Droit naturel ; sa fausseté ; ses désastreuses conséquences.

Ce problème, qui occupa tous les esprits de cette époque, fut résolu avec bien de l'habileté par les métaphysiciens, et à leur triomphe complet sont dus les désastres de notre patrie. Ces métaphysiciens avaient créé le droit naturel.

Ce droit naturel n'a point d'âge. Il établit les prérogatives des peuples et des individus pour les habitans du monde entier, pour les hommes de notre siècle comme pour les premiers habitans de la terre. Ce droit naturel est dit imprescriptible. C'est l'étalon d'après lequel doivent être appréciées les institutions de tous les peuples de l'histoire. Ce droit a régi l'âge d'or, et après une servitude qui dure depuis le commencement de nos annales historiques, il reparaît dans son intégrité première.

Ce sont ces doctrines de droit naturel qui, marquant à l'année 1791 l'ère nouvelle de la France, prétendaient faire dater de là notre nationalité, et reniaient les siècles précédens. Louis XIV, Henri IV, François Ier, Saint Louis, cités à la barre de ce droit naturel, étaient déclarés déchus de leur titre de Français pour n'avoir pas promulgué la nouvelle Charte, comme c'était leur devoir. Toutes les institutions, en un mot, qui depuis Clovis avaient été en vigueur en France, on les déclarait vicieuses, et l'on blâmait ou l'on méprisait les générations qui les avaient aimées ou qui les avaient subies.

Assemblée nationale.

Aussi, dans l'Assemblée nationale, le premier acte de ces docteurs du droit naturel fut-il de faire table rase en politique, et de remplacer les institutions du passé par la déclaration des droits de l'homme. Et la recette était de bonne foi crue si bonne par eux qu'ils firent un appel aux différens peuples de l'Europe, les engageant, quels que fussent leurs antécédens, leurs mœurs et leurs institutions, à les imiter et à promulguer la Charte de la loi nouvelle. Cette Charte, c'était la panacée universelle. Déjà l'on avait vu Jean-Jacques Rousseau adresser aux habitans de la Corse, qu'il ne connaissait que par des ouï-dire, une constitution fabriquée à Ermenonville, et les Corses n'ayant pas trouvé cette constitution de leur goût, c'était aux Polonais qu'il l'avait envoyée. Le siècle entier, complice de cet engoûment du naturalisme, trouvait la façon de procéder de Rousseau toute raisonnable. Eh! qui n'excuserait ce siècle en voyant le nôtre, malgré une expérience de cinquante années, se traîner dans la même voie d'erreur, et en assistant à la comédie politique qui, d'une façon constitutionnelle, promène ses répétitions de Paris à Madrid, de Madrid à Lisbonne, de Lisbonne à Naples, et est parvenue à dresser ses tréteaux jusqu'aux rives du Bosphore?

Variétés des peuples.

Non, les génies des peuples ne sont pas tous fondus dans le même moule. Non, les archives de leur passé ne sont pas qu'un récit d'erreurs, de monstruosités, d'attentats aux droits de l'humanité, d'oppressions de peuples, de tyrannies de rois. Non, la vérité n'a pas attendu le dix-huitième siècle pour luire sur la terre. Il appartenait seul au monstrueux orgueil de la philosophie de condamner les siècles du passé et de prononcer un tel jugement avant d'avoir donné à sa parole l'autorité qui ne peut venir que de l'expérience et des résultats pratiques des nouvelles doctrines.

L'Europe entière a été troublée, et elle le sera sans doute pendant des siècles encore, par les erreurs de cette doctrine de droit naturel. Le mépris pour la tradition historique, qui en est la première conséquence, peut-il ne pas détruire ce principe de la nationalité qui est la vie et l'honneur tout entiers.

Nationalité Française.

Les docteurs du droit naturel ont eu beau dire, les Français ne pourront jamais se complaire à mépriser leurs aïeux. Une seule voix a osé se faire entendre au sein de la démocratie française pour protester contre l'immoralité de la doctrine que nous attaquons, et c'est au sein de cette réunion de Châtillon où, entre autres maximes fort applaudies, se débita celle que les généraux étaient inutiles dans les armées, que M. Buchez établit avec tant d'éloquence les limites de notre nationalité, et déclara que : « le sentiment de la nationalité est celui de la solidarité qui nous unit à tous ceux qui portent le même nom que nous, à tous ceux qui l'ont porté avant nous, à tous ceux qui le porteront après nous. La nationalité française est la tradition des grandes œuvres opérées sous notre nom ; c'est un héritage que nous sommes chargés de conserver et de transmettre intact à nos enfans ; c'est le lien qui unit chaque génération politique à celle qui l'a précédée et à celle qui lui succédera ; c'est un devoir commun vis-à-vis duquel tous les Français pensent et agissent comme un seul homme, aussi bien lorsqu'il faut repousser une injure que lorsqu'il s'agit de secourir un allié. Enfin, c'est notre titre de noblesse à tous. »

C'est pourtant ce beau sentiment de nationalité que tend à extirper du sein de chaque peuple ce libéralisme constitutionnel qui, plat imitateur de l'Angleterre, ne rêve que de remplacer la vie et les passions qui sont propres à chaque grande famille européenne par le gouvernement de deux chambres et par quelques aphorismes de politique.

L'agitation et l'anarchie de la France, qui ont commencé lors de la promulgation du droit naturel, ne cesseront que quand la politique sera revenue à l'errement national. C'est au milieu de cet errement que se plaça l'Empereur, et la justesse de cette base de sa politique peut seule donner la raison de son succès, et expliquer comment à sa voix toutes les dissensions disparurent et comment, sans qu'il en résultât aucun trouble, chaque Français put se sentir durant son règne animé par l'enthousiasme et la passion.

L'Empereur interprète du caractère national.

A cette voix glorieuse la sèche métaphysique se dissipa, et sa domination d'où sortait une politique qui n'était accessible qu'aux pédans, et qui excluait l'esprit simple du peuple Français, fut remplacée par un gouvernement à sentiment national et qui se rattachait aux annales de la vieille monarchie qui nous montrent presque toujours nos aïeux sensibles aux entreprises, aux intérêts et aux passions du pouvoir. L'on vit alors le parti qu'un monarque habile sait tirer en France de cet attachement aux personnes que les métaphysiciens et les démocrates ne manquent jamais de flétrir, et l'on put apprécier la différence qui, aux yeux de notre nation, sépare un drapeau vivant de ces déclarations de principe dont l'intelligence ne s'adresse qu'aux hommes de cabinet. En vain pour tirer la France du chaos anarchique où l'avait plongée l'esprit révolutionnaire et pour réunir en corps de nation cette multitude d'individualités qui n'étaient plus animées que par la rivalité, le soupçon et la haine, les docteurs de la métaphysique eussent fait appel à leur charte sans entrailles ; il suffit cependant d'une parole prononcée par un héros pour que ce peuple d'une organisation si sensible et si humaine fût ramené dans la voie nationale.

L'histoire est là pour nous montrer que sous toutes les latitudes, quand une nation aux abois est réduite à implorer un sauveur, ce n'est jamais un principe qu'elle invoque, mais bien un homme.

« Lorsqu'une déplorable faiblesse et une versatilité sans fin se manifestent dans les conseils du pouvoir ; lorsque cédant tour-à-tour à l'influence de partis contraires, et vivant au jour le jour, sans plan fixe , sans marche assurée, il a donné la mesure de son insuffisance, et que les citoyens les plus modérés sont forcés de convenir que l'Etat n'est plus gouverné ; lorsqu'enfin à sa nullité au dedans l'administration joint le tort le plus grave qu'elle puisse avoir aux yeux d'un peuple fier, je veux dire l'avilissement au dehors, alors une inquiétude vague se répand dans la société, le besoin de sa conservation l'agite, et promenant sur elle-même ses regards, elle semble chercher un homme qui puisse la sauver.

» Ce génie tutélaire, une nation nombreuse le renferme toujours dans son sein ; mais quelquefois il tarde à paraître. En effet, il ne suffit pas qu'il existe, il faut qu'il soit connu ; il faut qu'il se connaisse lui-même ; jusque-là, toutes les tentatives sont vaines, toutes les menées impuissantes. L'inertie du grand nombre protége le gouvernement nominal, et malgré son impéritie et sa faiblesse, les efforts de ses ennemis ne prévalent point contre lui. Mais que ce sauveur, impatiemment attendu, donne tout-à-coup un signe d'existence, l'instinct national le devine et l'appelle, les obstacles s'applanissent devant lui, et tout un grand peuple volant sur son passage, semble dire : le voilà ! » (*Mémoires de Napoléon.*)

Haine du libéralisme pour les hommes supérieurs.

Un esprit soupçonneux et sottement fier semble depuis vingt-cinq ans repousser dans les affaires de l'Etat, l'intervention des hommes supérieurs, et il paraît répugner à l'orgueil moderne de se soumettre à leur influence. Le mécanisme constitutionnel ne semble-t-il pas en effet disposé pour s'opposer à la croissance des hommes politiques et pour s'appesantir sur toutes les têtes qui essaient de dépasser le niveau vulgaire? Quels hommes, depuis vingt-cinq ans, le régime représentatif a-t-il produits en France? Et n'avons-nous pas vu des natures vigoureuses qui paraissaient destinées à un bel avenir réduites, pour captiver une popularité de mauvais aloi, à suivre cette voie tracée par la vulgaire ambition qui se fait toute à tous, et qui s'abaisse pour ne pas causer d'ombrage par sa supériorité?

Ce dépérissement de la belle race des hommes d'état dont notre patrie doit à si juste titre être fière pour le passé, et qu'il ne faut attribuer qu'aux conséquences envieuses de cet orgueil individuel sur lequel est assis le gouvernement constitutionnel, ne devrait-il pas faire rendre justice au mérite de nos aïeux dont l'humilité et la modestie, deux vertus proscrites aujourd'hui, rendaient facile et glorieuse la tâche des gouvernans? Eh! quelles sont donc les œuvres du régime constitutionnel qui peuvent légitimer son orgueil et dont il puisse écraser celles de la France croyante? Et quand les métaphysiciens politiques, faisant le procès aux temps passés, essaient de tourner en ridicule leur facilité naïve à se laisser conduire, ils ont oublié combien il serait aisé de retourner contre eux leurs propres armes, et de livrer aux risées le mysticisme constitutionnel, cet équilibre des trois pouvoirs, ces inviolabilités que personne ne respecte, et ce domaine des fictions qui, moins les grâces, a tout le chimérique de la mythologie, et qui, moins la profondeur des combinaisons et des résultats, a toute l'impénétrabilité des mystères de la religion catholique.

Rien n'est stérile comme la métaphysique, même en la restreignant au domaine qui lui est propre. Mais quand on l'applique à la politique, son influence pétrifiante ne saurait produire que les plus funestes résultats. Un lien intime rattache la métaphysique à l'anglomanie. C'est de l'Angleterre que nous est venue la métaphysique en affaires d'état, avec cette différence que le sens pratique qui distingue les habitans de la Grande-Bretagne les préserva toujours de certains excès auxquels nous n'avons point échappé.

Du Protestantisme en politique.

Les hommes qui firent à la France ce beau cadeau du système constitutionnel, montrèrent qu'ils en connaissaient à merveille l'origine et les ressorts, lorsque, au premier consul occupé à relever l'édifice social du milieu des décombres révolutionnaires, ils proposaient de reconnaître en place de la religion catholique le protestantisme comme religion de l'Etat. La sagacité de ces conseillers avait senti la connexion qui existe entre le protestantisme et le régime constitutionnel ; mais le premier consul fut non moins sagace qu'eux, et se montra homme d'état plus pratique en rétablissant ce catholicisme qui, malgré les mascarades révolutionnaires, avait conservé cependant tant de racines dans le cœur des peuples à la nature desquels il est si bien approprié. Par la démarche de ces apôtres du protestantisme, on peut juger quel est le respect pour les faits chez ces hommes à principes, et combien est léger, malgré leurs belles paroles, le culte pour la souveraineté du peuple chez ceux qui, pour satisfaire aux besoins de leur incrédulité, ne craignaient pas de froisser les croyances de l'immense majorité d'une nation, en essayant de lui imposer, par voie d'autorité, des dogmes pour eux repoussans.

L'examen personnel donné par Luther pour

base au protestantisme, et destiné à remplacer
l'autorité de l'Église, devait forcément conduire
les peuples au régime constitutionnel. Au mépris de l'autorité religieuse correspond le mépris de l'autorité politique. Des deux parts le
soupçon remplace la confiance. Le rôle des
ministres protestans, dépouillé de tout prestige
et de toute influence, est réduit aux proportions
des administrateurs politiques que les chambres
ont pour mission de déconsidérer et de gar-
roter. Cet examen personnel, qui, pour les affaires les plus importantes de l'existence humaine, abandonne l'individu aux secours de sa
raison isolée, n'a-t-il pas une analogie frappante
avec cette forme politique qui, dans les assemblées, applique le niveau de l'égalité sur tous
les acteurs et sur tous les votes? Cette outre-
cuidance protestante qui, devant le jugement
du dernier des hommes, incline pour les plus
hautes questions l'opinion des siècles et des
esprits les plus éminens, ne fait-elle pas le digne
pendant de l'individualité sur laquelle est ap-
puyé le libéralisme? Et cette métaphysique
soupçonneuse qui isole le protestant de l'influence vivante du prêtre, et pour toute règle
de conduite l'abandonne à la lettre morte d'un
livre, n'a-t-elle pas dû engendrer ce sentiment
libéral qui recommande aux adeptes de fuir
l'ascendant des chefs et de ne reconnaître que
l'influence des principes? Cet isolement de

l'individu protestant, cette dissémination des âmes et des églises, cette horreur pour tout pouvoir central, pour tout pape, ne saurait mener en politique qu'à la séparation des provinces et à leur fédération, et, en définitive, qu'à l'anarchie. Et en effet, sous le régime constitutionnel qui consacre la lutte à l'état permanent, toutes les individualités ne sont occupées qu'à guerroyer entre elles, et le gouvernement ne disposant pas de ces forces disciplinées que les vrais monarques trouvent sous leurs mains pour accroître au-dehors la grandeur de la nationalité, on vit sans cesse ces états constitutionnels dépourvus d'ambition, user le peu d'énergie qu'il leur reste dans des dissensions intestines.

Imitation Anglaise.

Certes, le mal fait à la politique de la France par l'imitation anglaise est grand, et nous ne saurions assez le déplorer. Toutefois, l'altération qu'elle a produite dans nos mœurs est plus déplorable encore. Malheur aux peuples qui perdent le cachet de leur race! Honte à ceux qui, abdiquant les mœurs que leur donna la nature, vont, par un lâche engoûment, demander à l'imitation des voisins le caractère dont ils manquent! Pour singer les mœurs graves des hommes politiques de l'Angleterre, le Français, reniant toute filiation avec le

Français de l'Empire, de Louis XIV et de
François Ier, a foulé à ses pieds les délicates
passions qui avaient fait aimer son caractère
en Europe, et exagérant la froideur et l'ennui,
n'a plus offert dans son portrait qu'une carica-
ture anglaise (1). Cette indépendance d'esprit qui
s'accorde si bien avec le recueillement et la
flegmasie britanniques, s'est changée dans l'imitateur français, en pétulance et en présomp-
tions anarchiques. Grâce à l'inaltération des
rangs en Angleterre et à l'influence souveraine
dans chaque comté des grandes existences ter-
ritoriales, l'action des formes constitutionnelles
s'est trouvée régularisée, son instabilité a été
mitigée, et la fréquence des révolutions parle-
mentaires a été corrigée par les traditions du
corps aristocratique. En un mot, derrière les
formes politiques du gouvernement anglais,
on aperçoit une partie vivante, une classe
constituée, répandue sur toute la surface du
sol, influençant les populations et la richesse
nationale, et parfaitement appropriée à ces
formes politiques qu'elles dirigent en secret.
Qu'avons-nous fait en France? Nous avons pris les
formes, et nous les avons appliquées à un fond
pour lequel elles ne sont point préparées. Aussi,
faute d'avoir pu prendre racine dans les mœurs et

---

(1) La singerie parisienne du *Sportman* peint à merveille l'application politique en France des principes
anglais.

les coutumes nationales, le constitutionalisme se meurt-il; et non seulement à Paris, mais dans chaque chef-lieu de préfecture.

Industrie. Elle domine la politique.

Un des traits qui marquent la physionomie de l'Angleterre c'est l'industrie. C'est par ce point que depuis deux cents ans elle domine l'Europe, et l'on peut dire que son commerce a pris quelque chose des formes et de la grandeur de la féodalité. Depuis vingt-cinq ans, la France, elle aussi, a voulu tourner ses efforts vers l'industrie, et en cela elle ne peut qu'être approuvée. Mais ce qu'il est de tout devoir de blâmer, c'est qu'en suivant cette carrière notre patrie ait cessé d'être fidèle au caractère national. Le vieux négoce français avait ses mœurs, ses traditions, sa prudence et sa bonne foi. Les industriels du jour ont mis de côté ce bagage comme trop pesant, et s'attachant à la poursuite du génie aventureux des possesseurs de l'Inde, ils ont manqué le grand but et sont restés livrés à l'agiotage. Et cette ardeur industrielle n'a pas borné ses ravages à la flétrissure du caractère du négociant. Non contente des opérations de son ressort, elle a envahi la politique et elle la domine aujourd'hui. Le gouvernement de l'Angleterre est un gouvernement de marchands; que le nôtre arbore le même pavillon, se sont dit les anglomanes français, et ce qu'ils ont dit, ils l'ont fait. La société et la politique ont été matérialisées, l'état ne se compose plus que d'intérêts, et *contribuable* est le mot ignoble qui, dans l'idiôme des journaux, a remplacé le beau nom de citoyen. Et voilà ce que des copistes maladroits ont fait du peuple le plus passionné de l'Europe, du peuple pour qui la gloire et la grandeur n'ont jamais eu de prix trop élevé, et qui, loin de soupirer après la paix enrichie et le repos égoïste qui aurait pu lui être assuré à l'époque du consulat, préféra les glorieuses aventures et les terribles vicissitudes dans lesquelles il suivit avec enthousiasme son chef en qui il reconnut un prédestiné.

Mœurs industrielles.

Cette domination de la politique par la classe industrielle, cette subordination à des intérêts mercantiles des grands projets européens qui sont encore réservés à la France, c'est ce que le peuple pardonnera le moins à ses gouvernans. Un des écrivains qui depuis quelques années s'est mis à la tête du mouvement industriel, a compris lui-même les dangers de la voie dans laquelle il entraînait la France, et il tente de l'arrêter.

« Vous ne sauriez faire que l'amour du bien-être matériel suffise à la tête et au cœur des nations de l'Europe. Elles sont d'une trop noble essence pour que l'acquisition de la richesse ou l'épicuréisme, fût-il relevé par l'éclat des arts, excite en elles de longs ravissemens, leur inspire de vives sympathies autrement que pour un instant passager. Elles font cas des améliorations matérielles, parce que voulant le progrès de la civilisation, elles en doivent vouloir le matériel, sans lequel ce progrès serait une fiction, une ombre sans substance. Mais le souci de ce matériel ne saurait absorber leurs facultés, si ce n'est pendant des entr'actes. Les classes auxquelles la matière fait le plus défaut, les pauvres, entendent moins que les autres, peut-être, y consacrer leur existence entière. Le culte absolu de la matière, l'apothéose exclusive de l'industrie, auraient pour les peuples de l'Europe mille dangers. Malheur aux natures puissantes qui sont réduites à une tâche trop au-dessous de leurs forces, et à une pensée qui ne saurait s'étendre sur tous les lobes de leur cerveau! Au bras d'un vigoureux athlète donnez un disque pesant, sinon le disque, au lieu de frapper le but, ira s'égarer et se perdre au loin. Si l'on réussissait à emprisonner les peuples de l'Europe dans le cercle des intérêts positifs, s'ils essayaient d'en faire l'objet unique de leur forte intelligence et de leurs énergiques passions, vous les verriez convertir le bien-être en d'immenses orgies, et les affaires en un colossal agiotage, se vautrer dans le bourbier d'un sensualisme effréné, se dégrader par une cupidité monstrueuse. On sait ce qui arriva aux Romains lorsqu'ils eurent fermé sur eux les portes de l'empire.» Michel Chevalier.

Nous avons entendu le libéralisme bien souvent, depuis vingt-cinq années, s'exclamer contre les grandes existences fondées par l'Empereur au profit des capitaines et des hommes d'état qui avaient attaché leur gloire à la gloire de la patrie. Les idées à la mode empêchaient de rougir ceux dont l'envie s'attaquait ainsi à la fortune méritée de grands citoyens, et n'épargnait pas des titres qui n'étaient que des noms de victoire. Pourquoi ces mêmes envieux qui ne peuvent supporter une fortune au-dessus de la leur font-ils grâce de leurs attaques aux richesses accumulées par l'agiotage? La féodalité de la gloire a été remplacée par la féodalité industrielle. Deux banquiers depuis 1830 ont été premiers ministres, la France en a-t-elle été plus grande? Certes, nous ne sommes pas d'humeur à approuver ces priviléges honorifiques et utiles dont jouissait, avant 89, une noblesse inutile, et qui depuis long-temps était exclue de toute fonction politique. Cependant, nous sommes forcés aujourd'hui de reconnaître comme déplorable le sort d'un pays qui change une tyrannie à laquelle l'épée donna toujours un certain lustre contre cette basse tyrannie des hommes à coffres-forts à qui l'État est livré, et qui, si on ne les arrête, au moyen de leurs projets de mobilisation de toutes les valeurs, et par la transformation qu'ils méditent du sol en papier, livreront tous les immeubles à l'agiotage, et d'ici à peu envahiront la plus grande part de la richesse publique.

Pour que ces industriels, ligués avec les avocats, les uns fournissant leur argent, les autres leur métaphysique et leur parole, puissent venir à bout de leurs projets, il était indispensable qu'ils déconsidérassent la royauté et l'armée. Depuis vingt-cinq ans, leur système d'hostilité n'a pas eu un jour de trève.

La royauté est moins à redouter pour le peuple que la classe moyenne.

La plus grande habileté et la plus grande perfidie de la classe moyenne a été de faire croire au peuple que son ennemi le plus à redouter était la royauté. Cette bourgeoisie savait bien qu'une fois la royauté dépouillée de ses attributs, les classes inférieures tombaient fatalement livrées à sa domination et aux calculs de son industrie. Les démocrates de bonne foi gémissent aujourd'hui d'avoir prêté main forte à la bourgeoisie dans ses attaques contre la monarchie. Le simple bon sens aurait dû par avance faire comprendre qu'il n'y avait pas entre les intérêts populaires et ceux de la royauté la rivalité qui existe entre les premiers et ceux de la bourgeoisie. Depuis cinquante années, il n'est pas un progrès industriel, un accroissement de richesse nationale qui, en augmentant la part d'industrie des classes moyennes, n'ait empiré le sort des prolétaires ; nous ne craignons pas d'affirmer que chaque pas de la concurrence industrielle a été fatal aux ouvriers, et que chaque perfectionnement de machines a été payé par une misère du peuple.

Quiconque a vécu sous une monarchie absolue a pu, comme nous, se convaincre que l'autorité y montre plus de sollicitude pour le sort des classes ouvrières que ne le font les gouvernemens constitutionnels, et qu'elle ne manque jamais à son devoir, qui est de protéger ces classes intéressantes contre l'exploitation des bourgeois. On vit toujours ceux-ci, donnant à leurs projets industriels les couleurs du progrès et du libéralisme, demander une immédiate application de leurs nouveautés, sans vouloir tenir compte de ces perturbations commerciales, qui, en un jour, laissent sur le pavé des milliers d'ouvriers, et nous devons déclarer avoir vu ces gouvernemens absolus résister avec courage à de telles entreprises, au risque d'encourir le reproche immérité d'obscurantistes et de rétrogrades.

Pour les hommes de bonne foi pourrait-il y avoir doute, et dans l'alternative d'être gouverné par la classe moyenne ou par une royauté absolue, le peuple devrait-il hésiter ?

La bourgeoisie annulle l'armée. De la guerre.

Depuis long – temps la bourgeoisie avait compris que pour désarmer la royauté, il fallait annuler l'armée, et la crainte d'affaiblir la patrie ne l'arrêta pas (1). Les Dupin et les Delessert se chargèrent de trouver le prétexte pour le désarmement (2). Suivant eux la guerre ne pouvait plus avoir lieu en Europe. Et après avoir proclamé leur fameux chacun chez soi, chacun pour soi, ils crurent que la ligue des lâchetés européennes assurait à jamais la paix. Ce fut donc dans la supposition d'une paix inaltérable que fut réduite l'armée et que l'état fut gouverné. Le traité de Londres est venu à l'improviste donner un démenti aux assurances de ces trembleurs, et la guerre menace de reprendre dans la politique de l'Europe le rôle qui lui a toujours appartenu.

Cent soixante-treize années séparent l'avènement de Louis XIV au trône des cruels événemens de 1815, et les deux tiers de ces années, la France les a employées à combattre. Par ces

---

(1) Voir la note B, relative à la Légion-d'Honneur. ⌐

(2) Les démocrates, à cette heure, doivent se reprocher avec amertume des obsessions qui ont tant contribué à réduire l'effectif de l'armée.

guerres, en partie glorieuses, s'est établi l'ascendant de notre patrie. C'est par ce moyen que Louis XIV a détruit l'anarchie intérieure et a extirpé le *caput mortuum* de la féodalité. C'est encore par ce moyen qu'il a placé l'Espagne sous l'ascendant de la France, ascendant auquel la péninsule ne pourra se soustraire qu'en consentant à se dévouer au malheureux sort des républiques américaines. C'est par ce moyen que nos drapeaux flottant sur les rives de l'Adige ont inoculé à l'Italie cet esprit d'indépendance si embarrassant pour la maison d'Autriche et qui finira par triompher. C'est par ce moyen que le même monarque fit sortir de leur assoupissement les habitans des vallées de l'Inn, du Necker, de l'Elbe, et qu'il préluda aux rénovations qu'exécuta le protecteur de la confédération du Rhin. C'est par le moyen de la guerre que Louis XVI aida les Américains du nord à conquérir une émancipation que les Anglais ne lui pardonnèrent pas.

C'est par la guerre que la révolution française manifesta son existence à l'Europe, la Convention, dans une mémorable séance ayant jeté son gant ensanglanté aux souverains du vieux droit. C'est par la guerre que Napoléon sema les principes régénérateurs, depuis le Tage jusqu'au Niemen et jusqu'au Tibre. C'est par la guerre qu'il remua l'Espagne, le Portugal, la Pologne, l'Italie, l'Allemagne entière, et qu'il conquit à notre patrie ce glorieux prestige qui fait que dans les momens critiques tous les peuples tournent la tête vers elle.

Et ce n'est pas seulement depuis deux siècles qu'il en est ainsi. Plus nous remontons les âges, au contraire, plus le domaine de la guerre est large. Aucun de ces grands changemens qui fixent l'attention des historiens ne s'est fait que par la guerre ; jusqu'à la religion qui emprunte le secours des armes pour reporter la foi à sa source, au tombeau du Sauveur. Et qu'eût été la réforme sans la protection de l'électeur de Saxe, sans l'épée du grand Suédois qu'un boulet tua vainqueur à Leipsig?

L'instinct des peuples leur servit, dans leur ignorance, à discerner le rôle de la guerre, et en tous temps ils l'aimèrent. Et c'est pourquoi la nation française occupa toujours un premier rang en Europe. Ce n'est pas en vain que la voix du monde entier appela Dieu le Dieu des armées. Le souverain de la France ceignit toujours l'épée, cet emblème de l'honneur, de la force et de la défense, et nous espérons qu'il la ceindra long-temps encore. Cette épée fut et sera toujours du goût du peuple, du moins tant qu'il existera des étrangers jaloux de notre gloire.

Depuis 89 la France a vu dans son sein se former un parti dont l'idée fixe est de désarmer la patrie. La guerre est odieuse à ce parti.

C'est lui qui a eu le courage de monter à la tribune pour déclarer que la France ne devait jamais mettre son épée au service d'une cause étrangère. Chacun chez soi, chacun pour soi, s'est écrié M. Dupin. *Cedant arma togæ.* Plus de guerre. Désarmons. Nous serons toujours assez forts si l'on vient nous attaquer chez nous.

Si les nations qui composent aujourd'hui l'Europe étaient proportionnées ; si les principes des différens gouvernemens n'étaient pas anti-pathiques ; si les intérêts n'étaient point rivaux ; si des nationalités et des races n'étaient point violemment dominées par d'autres nationalités et par d'autres races, nous comprendrions qu'on eût estimé minime la chance de guerre, et qu'on eût négligé d'être prêt à chaque instant pour un appel aux armes. Et même alors il serait imprudent de regarder une guerre comme impossible, car les nationalités sont des forces expansives qui tendent à refouler les forces voisines. Malheur au peuple qui serait privé de cette force d'expansion. Ce peuple énervé toucherait au moment de sa ruine, la vie européenne d'un peuple n'étant autre que cette expansion, et quel est le dernier terme de cette expansion, sinon la guerre ? Le gouvernement de la France n'a pas voulu prévoir, depuis 1830, le moment où il serait forcé de la faire. Aussi la guerre le prend au dépourvu, et le moindre de ses embarras ne sera pas le développement démesuré qu'il a fait prendre à l'industrie, et les mœurs surtout qui en sont la suite. Des armées et des alliances sont nécessaires pour faire la guerre. L'armée, il la laisse dépérir en décourageant l'esprit militaire (1); les alliances, il les prend là où la destinée lui réserve des ennemis, et il néglige les états dont la grandeur est attachée à celle de la France.

Pour éloigner de la guerre, même alors qu'elle est indispensable à l'honneur, les partisans de la paix à tout prix ont voulu représenter sa rupture comme le signal de la ruine pour la richesse publique. C'est un mensonge. La guerre déplace des intérêts plutôt qu'elle ne les détruit. Si elle n'apportait que la ruine avec elle, comprendrait - on l'existence de l'Europe jusqu'à nos jours? On a pareillement exagéré les dépenses qu'elle occasionne; il n'est aucune de ces crises de trop-plein que la paix factice a suscitées depuis 1830, qui ne coûte à la France plus qu'il ne faudrait pour défrayer une armée pendant six campagnes et la porter sur l'Elbe. Jusqu'en 1809, les armées impériales ne coûtèrent rien au trésor de la France. La guerre doit être évitée, la sagesse le veut; mais on

____

(1) Nous citerons la ridicule intervention des Robins dans les duels.

doit la provoquer, même dans l'intérêt de la richesse, quand les paix sont factices, c'est-à-dire quand personne n'ajoute foi à leur avenir. Cet état n'est-il point celui de la France et de l'Europe depuis 1830?

Le gouvernement constitutionnel est incompatible avec la guerre.

L'imminence de la guerre fera rendre justice au jugement sévère que nous avons porté du gouvernement constitutionnel. Toutefois, pour les hommes pratiques il n'a pas été besoin d'attendre jusqu'à ce moment critique pour reconnaître les défectuosités du régime présent. Le gouvernement constitutionnel était fondé sur la croyance que la guerre était désormais impossible, que la France ne se trouverait plus dans la situation de devoir réunir dans les mains d'un pouvoir dirigeant toute l'énergie dont elle est capable, afin de soutenir une lutte contre une partie de l'Europe et d'accomplir, par un dernier coup, aux risques de sa propre existence, la tâche qui lui a été imposée par la Providence. Cette heure, qu'on ne voulait pas prévoir, est venue, et les affaires de l'Europe vont être reprises au point où les avait laissées l'Empereur.

La fatuité constitutionnelle avait pourtant ré-pété depuis vingt-cinq ans jusqu'à satiété, en haussant le ton à chaque fois qu'une année nouvelle semblait accroître l'autorité de ses affirmations, que la politique de Napoléon n'avait point été de son époque, et que ce grand génie, dépaysé au milieu de son siècle, en voulant répéter Alexandre et Charlemagne, avait méconnu l'état de l'Europe, les passions et les intérêts de la France moderne.

Cette faction constitutionnelle qui parle ainsi a dans les mains le pouvoir depuis vingt-cinq années. Qu'a-t-elle fondé? Il n'est aucune des institutions exotiques qu'elle a implantées en France, qui ait pris racine dans le sol et qui se soit fait accepter par les monarchies européennes. Il n'est aucune de ces institutions qui n'ait porté le trouble dans les malheureux pays qui en ont voulu faire l'essai et qui ne les ait dénationalisés.

Rien, depuis vingt-cinq ans, n'a été fondé en France, et d'essai en essai, l'instabilité s'est ancrée dans les cœurs, la foi les a désertés, le malaise les a dévorés, et l'esprit d'aventure a poussé l'anarchie à ses extrêmes limites. Ces vingt-cinq années avaient la prétention de rompre avec l'empire, de commencer une nouvelle ère; et aujourd'hui, il faut que la France reprenne les affaires de l'Europe au point où les a laissées l'Empereur, reconnaissant par là que depuis 1815 elle a fait une fausse route à travers les brouillards métaphysiques, s'éloignant sans but du grand homme qui résuma en lui tous les caractères de la nationalité et du génie français, et qui, en corrigeant les erreurs de la révolution et en la réconciliant avec la vieille France, est devenu le symbole vivant du progrès uni à la fidélité au passé, de l'ordre et de la liberté.

La guerre sera-t-elle faite par les moyens révolutionnaires ou par ceux de l'Empire?

Le canon de Beyrouth a déjà suscité en France des accens révolutionnaires, et l'on parle de déchaîner contre l'Europe le génie des révolutions. Ce génie serait plus funeste à la France qu'aux souverains de l'Europe. De 90 à 1800, le pouvoir en France a dépensé pour soutenir la guerre dix milliards et a usé de toutes les générations valides de vingt à cinquante ans; et au terme de cette lutte, notre patrie était refoulée au dedans de ses limites; et il faut dire que si la coalition européenne avait disposé du tiers des forces qu'elle réunit en 1813, la révolution eût été étouffée dans son berceau, et que si la coalition de Pilnitz eût, dès 1793, connu l'importance dont était pour elle l'occupation de Paris, le duc de Brunswick, en vingt jours de marche, se fût, presque sans obstacle, emparé de notre capitale. Reconnaissons donc que la révolution a gaspillé, sans intelligence et avec une brutalité sauvage, les milliards et les levées de la France qui, bien employés, auraient dû suffire à quarante ans de guerre, et qu'elle a eu bien de la peine à défendre ses frontières, bien qu'elle n'ait eu affaire qu'à une coalition faible, et, ce qui est plus, mal unie. Ces dix années furent dix années de misères de toutes sortes, et le noble et sublime amour de la patrie sauve seul la France d'alors des outrages de la postérité.

Les quatorze années du consulat et de l'empire furent au contraire d'une grande prospérité, bien que le pouvoir eût tant de plaies à cicatriser et dût soutenir des hostilités autrement à redouter que celles qui les avaient précédées. Pour se défendre, l'empire prodigua si peu la richesse de la France, qu'il suffit des deux premières années de la restauration pour faire arriver l'industrie au plus haut point de prospérité. En dépit de ce qu'ont écrit les folliculaires et les ignorans, les guerres de l'empire furent si peu meurtrières, comparées à celles de la révolution, que la population, durant cette période, ne cessa jamais de s'accroître, et que, dès 1819, les embarras d'un trop-plein commencèrent à se faire sentir. Rien n'est plus coûteux qu'une guerre de désordre; les pertes du champ de bataille ne sont pas les plus considérables, et c'est pourquoi il est juste de dire que les campagnes de l'Empereur furent les plus économiques en hommes et en matériel, de toutes les campagnes connues.

La guerre va s'ouvrir peut-être : sera-ce une guerre révolutionnaire ou une guerre impériale? Nous ne saurions hésiter un moment, et c'est le patriotisme qui nous donne le courage de renoncer à ces bas moyens de fausse popularité, et de déclarer le peu de cas que nous faisons, pour entrer en campagne, des cohues armées et indisciplinées. Jamais, même aux plus beaux jours de la révolution, la défense de la patrie ne put soutenir la comparaison avec les efforts de l'administration impériale pendant les cent jours. Tous les bons citoyens vont avoir à lutter contre les idées dangereuses de ces gens étrangers au métier des armes, qui n'ayant jamais été à même d'apprécier ce qui fait la force véritable des bataillons, n'estiment que le nombre et voudraient recommencer les exemples des Rossignol et des Cartaux.

Nécessité pour les hommes de l'Empire de se réunir sous la vraie bannière.

C'est aux hommes qui sont restés fidèles aux sublimes enseignemens de l'empire à se réunir pour constituer un parti fort, énergique et sage, capable de modérer la fougue irréfléchie des révolutionnaires, et, après avoir inspiré de la confiance aux modérés, de les entraîner dans les voies de l'honneur et des sacrifices.

La guerre ne saurait se faire que par les moyens de l'empire. Le gouvernement actuel ne peut pas ne pas se rapprocher de lui. Il a invoqué ses souvenirs populaires pour des circonstances moins graves et moins opportunes.

La trahison de l'Angleterre, l'importance de la question d'Orient, viennent, par un autre côté, réveiller dans les esprits les maximes de la politique napoléonienne. Après quarante années, le cabinet français se trouve encore au même point que marqua, pour les intérêts de l'avenir, le général de l'expédition d'Égypte. En indiquant le côté faible de l'Angleterre, ce grand homme prédisait la conduite présente du cabinet de Londres; mais pour attaquer notre ennemi implacable, il comptait sur cette Russie que nous avons tant fait pour éloigner de notre alliance. Toutefois, remercions des événemens qui, arrachant le faux masque dont se couvrait l'Angleterre, nous donnent un ennemi déclaré bien moins à redouter pour nous qu'une alliance traître et insensée. La France et l'Angleterre ennemies, la situation des deux peuples est redevenue franche et naturelle, et nous n'oublierons pas les paroles prophétiques adressées à l'Angleterre par le martyr de Sainte-Hélène : «Vous finirez comme la superbe Venise!»

Malgré les forfanteries de quelques journaux, la lutte de la France contre l'Europe entière est un danger qui remet en question l'avenir et l'existence de la patrie, et qui réclame toutes les forces, tout le dévouement de ses enfans. Mais leur courage et leur bonne volonté ne pourraient rien, si ce courage et cette bonne volonté étaient à la disposition d'un gouvernement mal constitué, sans stabilité, pareil à celui qui régit la France depuis dix ans. Le règne des avocats doit cesser du moment que les hommes d'action entrent en scène. C'est à l'armée maintenant à s'emparer du rôle qui lui appartient, et cette armée ne s'abaissera plus jusqu'à subir le joug et la sotte impulsion de ces bavards qui, après avoir tout fait pour l'annuler, se trouvent réduits aujourd'hui à mendier la protection de ses baïonnettes.

Une seule chose manque à cette heure à la France tant civile que militaire, des chefs. Des personnes qui approuvent nos pensées, qui désireraient voir la France soumise à un gouvernement dérivé de l'empire, répètent sur tous les tons : Vos idées sont belles, mais donnez-nous un chef.

Ce n'est pas qu'un Napoléon qui peut rendre un gouvernement solide et remplacer l'anarchie par l'ordre. De tout temps, on vit le pouvoir attirer les hommes forts, et l'étendue même de ce pouvoir susciter les grands ministres. C'est derrière les Louis XIII qu'apparaissent les Richelieu, et c'est la puissance de ces hommes d'état qui seule a pu résoudre le problème de la responsabilité ministérielle. Toutefois, s'il n'était donné à la France que de produire des médiocrités semblables à celles qu'a su seulement faire éclore le gouvernement constitutionnel, nous passerions volontiers condamnation. Mais en place de ces formes constitutionnelles qui n'ont pour but que d'amoindrir les hommes d'état, mettez un gouvernement qui se plaise à former des sujets ; substituez à l'esprit avocassier qui s'est emparé de nous tous quelque chose de cette confiance dans le pouvoir qui distingua toujours les Français, et en même temps que les citoyens se façonneront à l'obéissance, les chefs naîtront et conquerront cet ascendant sans lequel rien de grand ne saurait être fait dans un État.

Ce n'est que par la confiance que peut être créé un ordre si désiré par tous ceux qui rêvent la grandeur de leur patrie. C'est cette confiance qu'a détruite l'introduction en France du régime anglais et constitutionnel qui prétend se passer des hommes et les remplacer par des institutions. Et pour reconquérir cette confiance perdue, il ne faut rien moins que la franchise nécessaire à démasquer un régime hypocrite et anti-national, en s'appuyant sur la grandeur et sur l'expérience de l'empire. Le vaisseau qui transportait l'Empereur à Sainte-Hélène ayant rencontré, dans le golfe de Guinée, un navire marchand français dont le capitaine ignorait les grands événemens accomplis en Europe, le bonhomme, secouant la tête avec douleur, dit à l'officier anglais : « Vous nous privez de notre héros, vous nous enlevez celui qui pouvait nous gouverner suivant nos mœurs et nos goûts. » Est-ce suivant ses mœurs et ses goûts que la France est gouvernée depuis vingt-cinq ans ? La classe bourgeoise et ses avocats représentent-ils les mœurs et les goûts de la France ? Les inquiétudes, le dégoût et la démoralisation de cette France protestent incessamment contre la tyrannie des pédans. La gloire est en deuil, cette amie fidèle de notre patrie ; l'armée boit dans une taciturnité résignée les humiliations qu'on lui sert systématiquement ; l'agiotage et l'amour du lucre remplacent les belles passions de nos ancêtres ; la fanfaronnade s'est substituée à la bravoure française, et n'étaient les prodiges de vaillance des armées impériales dont le souvenir nous protége encore aux yeux des étrangers, nous serions tombés dans le mépris des nations depuis dix années par le spectacle de l'anarchie médiocre qui nous dévore.

La France est déchirée par les partis. Ces partis s'excluant les uns les autres, il ne reste à chacun qu'à écraser ses rivaux pour n'en pas être écrasé. La haine entre eux s'est accrue à tel point par le débordement de fiel d'une discussion journalière qui dure depuis dix ans, que jamais elle n'atteignit ce degré à l'égard de Brunswick, de Pitt et de Cobourg même au point culminant de la fureur révolutionnaire. Cette ardente animosité doit être un singulier spectacle pour les divers cabinets de l'Europe, et nous n'avons pas le droit de nous étonner de l'audace de leurs ligues lorsqu'ils ne les basent que sur nos divisions intestines.

La guerre de ces partis livrés à eux-mêmes ne saurait avoir de terme, et sa durée, loin d'amener entre eux la lassitude, ne fait qu'envenimer le mal en le constituant à l'état chronique. Aucun de ces partis, soit légitimistes, soit bourgeois, soit radicaux, ne contient dans son sein de place préparée pour des rivaux que gagnerait la conciliation, aucun de ces partis qui n'exclue le principe sur lequel est assis le parti adverse.

La réconciliation générale ne peut donc être amenée que par l'intervention d'un nouveau principe. Déjà, il y a quarante ans, sous les auspices des idées impériales, fut donné au monde le magnifique spectacle d'un pays que dix années d'atroce tourmente avaient bouleversé en tous sens, et qui tout à coup se calmait, se réconciliait, rétablissait l'ordre dans la politique, la morale et la richesse, renouait la tradition nationale qui était brisée et reprenait sa place dans la fédération européenne. C'est à ces mêmes idées impériales qu'il appartient aujourd'hui de faire la paix entre les partis. Dans cette charte napoléonienne, le démocrate trouve satisfaction pour son besoin d'égalité, le bourgeois sécurité pour ses travaux, protection pour les nécessités de son industrie, le légitimiste respect pour la tradition historique et pour le pouvoir. Aux hommes ardens et amis des nouveautés, la carrière est ouverte par un gouvernement qui ne redoute pas de tenter l'avenir; aux hommes sensibles aux souvenirs historiques et à la grandeur pittoresque de nos aïeux, le chef impérial offre toute garantie en disant : depuis Clovis jusqu'à Louis XVI et jusqu'à la Convention, je suis solidaire de tout ce qui s'est fait en France. N'oublions pas cette force et ce prestige qui firent vivre à côté l'un de l'autre, à la cour de l'Empereur, un régicide et un Montmorency, et que tous les hommes sincères et vraiment amis de leur patrie, à quelque parti qu'ils appartinssent, trouvèrent une place dans l'œuvre nationale conduite par ce grand homme.

Il y a quelques mois parut une brochure écrite par un légitimiste dans le but de rallier au gouvernement actuel ses anciens confrères d'opinion. Nous comprenons le mouvement qui poussa M. de Roman à essayer de tirer de l'ostracisme et de l'inaction où il s'est condamné, un parti aussi considérable que le parti de la légitimité. Tout bon Français ne peut que déplorer de voir à l'écart du service de la patrie des hommes que l'on distingua toujours dans les rangs de l'armée et de la diplomatie, chez qui brille particulièrement le sentiment de l'honneur et dont l'attachement et la fidélité envers les princes font depuis des siècles un des nobles apanages. Ce parti, puissant par la propriété de vastes domaines territoriaux dont la possession et l'usage sont autrement respectables que ceux des biens mobiliers de la bourgeoisie, et qui exerce sur le cœur des habitans des campagnes une influence autrement noble et bienfaisante que l'influence par laquelle la bourgeoisie industrielle ne songe qu'à accroître son lucre, ce parti doit trouver dans le rétablissement de l'ordre une place proportionnée au nombre d'hommes distingués qu'il fournit dans toutes les carrières. Mais si nous comprenons le mouvement qui fit chercher à M. de Roman à utiliser un tel parti, nous ne comprenons pas, nous l'avouons, son espérance de le rallier aux platitudes du régime constitutionnel et aux médiocrités du gouvernement bourgeois.

Si le parti de la légitimité s'est vu ravir la direction des affaires du pays, la principale cause en doit être imputée au peu de nationalité qu'il montra au commencement de la grande révolution, et surtout à sa conduite aux époques plus rapprochées de nous de 1814 et 1815. Tant que vivront les hommes qui se sont déshonorés par les saturnales royalistes de ces malheureux temps, et ceux dont le cœur impérialiste saigna à ce cruel spectacle, il pèsera sur le parti légitimiste, que l'opinion fait solidaire de ces excès, une réprobation qui l'écartera des affaires. C'est à la fortune à lui fournir les occasions d'expier les fautes de l'émigration, et de tourner contre les ennemis de la France des armes qui furent un jour à leur service.

Les idées impériales sont seules capables de donner au parti légitimiste ce baptême de nationalité qui doit régénérer et effacer quelques taches qui déparent sa bannière. Cette régénération fut déjà commencée, et d'Austerliz à Craonne assez de noble sang répandu sous l'aigle expia Coblentz. Reste encore à expier 1814 et 1815. Notre conviction intime est que par les idées impériales seules peut se faire la réconciliation des légitimistes avec le peuple français.

Ce sont ces idées seules qui peuvent sauver la France, et la société aura des actions de grâces pour celui qui facilitera leur intronisation. Chaque jour, quelque homme de parti, parvenu à l'extrémité logique de sa doctrine incomplète, recule tout à coup devant un abîme où un impasse, et la maladie du désenchantement et du désespoir le gagne. Aujourd'hui, c'est un légitimiste, demain un démocrate, après-demain un bourgeois. Ce sont ces hommes de bonne foi et dont le nombre s'accroît tous les jours que nous appelons à nous. Bourgeois que le mysticisme constitutionnel a déçus, légitimistes qui avez réfléchi à ce que signifient les trois bannissemens de votre dynastie, démocrates qui avez été épouvantés par le spectacle démoralisateur des États-Unis d'Amérique, ralliez-vous sous les bannières de l'impérialisme, de celui qui, avec un juste orgueil, a pu dire : « J'ai dessouillé la révolution, ennobli les peuples et raffermi les rois, » et les événemens qui se préparent donneront lieu au pouvoir fort que vous constituerez de rétablir la grandeur de la patrie, seul but de votre politique.

FIN.

après-demain un bourgeois. Ce sont ces hommes de bonne foi et dont le nombre s'accroît
tous les jours que nous appelons à nous: Bourgeois que le mysticisme constitutionnel a déçus,
légitimistes qui avez réfléchi à ce que signifient
les trois bannissemens de votre dynastie, démocrates qui avez été épouvanés par le spectacle
démoralisateur des États-Unis d'Amérique,
ralliez-vous sous les bannières de l'Imperia-
lisme, de celui qui, avec un juste orgueil, a pu
dire : « J'ai dessoufflé la révolution, rétabli les
peuples et raffermi les rois, » et les événemens
qui se préparent donneront lieu au pouvoir fort
que vous constituerez de rétablir la grandeur
de la patrie, seul but de votre politique.

FIN.

NOTES.

NOTES.

NOTES.

A.

On lira avec intérêt les réflexions que le régime constitutionnel a inspirées au général de Chambray. Cet écrivain est du bien petit nombre de ceux qui ont refusé de se soumettre au joug imposé par la presse, qui ont conservé leur indépendance, osant dire ce qu'ils trouvent de bien et de mal dans chaque parti, et rompant les dignes de convention entre lesquelles on a resserré si long-temps la discussion politique. « Les ministres, pour se conserver les votes de la majorité, mettaient en quelque sorte à sa disposition la distribution des places et des autres faveurs dont ils disposaient. Ces moyens de corruption sont inhérens à la nature de ce gouvernement. » Il a fallu, dit Helvétius dans une lettre à Montesquieu, des impôts pour soudoyer des parlemens qui donnent au Roi le droit de lever des impôts sur le peuple.

« ..... Aussi l'opposition dans les deux chambres avait-elle seulement pour but ostensible de censurer les actes du ministère ou son système. Mais le désir de s'emparer des rênes du gouvernement , afin d'avoir une plus grande part aux emplois, aux grâces et aux pensions, était dans les temps ordinaires son principal mobile.

» On aurait pu désigner le gouvernement anglais par le nom de *gouvernement parlementaire*, puisque l'on donnait le nom de *parlement* à l'ensemble des trois pouvoirs politiques qui entraient dans sa composition. On lui a donné le nom de *gouvernement représentatif*, ce qui n'est pas moins un contre-sens que le nom de *chambre des communes* donné à la chambre élective. Cette observation n'est pas aussi futile qu'elle le paraît au premier aperçu. Lorsqu'un homme tel que Montesquieu, trompé par les apparences, a pu tomber dans de graves erreurs, en parlant du gouvernement anglais, et nous présenter, par exemple, la chambre des communes comme représentant la démocratie, il ne faut pas s'étonner des opinions erronées et absurdes qui ont été si souvent émises en France, dans ces derniers temps, relativement à la nature de ce gouvernement... Le nom de gouvernement *constitutionnel* ou *représentatif* n'est relatif qu'à la forme ; celui de gouvernement *bourgeois* donnerait quelque idée du principe qui y domine.... Les opinions politiques d'un corps comme celui des députés dans un pays où la propriété est fort divisée et éprouve de fréquentes mutations ; où la société a été déclassée par suite d'une longue révolution ; où de funestes exemples ont porté de rudes atteintes au sentiment religieux et aux notions du juste et de l'injuste ; où l'aspect de tant de fortunes extraordinaires et imprévues a rempli d'une ambition démesurée les cœurs où cette passion peut pénétrer ; où la vanité et l'envie sont devenues les passions dominantes ; où le vice et la bassesse se concilieraient souvent plus de suffrages que la vertu réunie au savoir ; où les nombreux changemens survenus dans l'ordre politique, après avoir presque éteint le patriotisme, ont rendu les populations égoïstes, et en quelque sorte indifférentes sur le choix de leurs gouvernans ; les opinions politiques d'un tel corps pouvaient varier à chaque nouvelle élection : aussi vit-on, à de courts intervalles, les mêmes électeurs nommer des hommes d'opinions politiques diamétralement opposées.

»..... La domination de la classe moyenne, essentiellement transitoire, est l'indice qu'il n'est plus possible de donner à une nation d'autre gouvernement que le despotique ou le républicain.

« Abolissez dans une monarchie, dit Montesquieu,
» les prérogatives des seigneurs, du clergé, de la no-
» blesse et des villes, vous aurez bientôt un état popu-
» laire, ou bien un état despotique. » Telle était la situation de la France, lorsque la Charte fut promulguée. Montesquieu ajoute plus loin : « Les politiques grecs
» qui vivaient dans le gouvernement populaire ne re-
» connaissaient d'autre force qui pût le soutenir que
» celle de la *vertu*. Ceux d'aujourd'hui ne nous parlent
» que de manufactures, de commerce, de richesses et
» de luxe même. Lorsque cette vertu cesse, l'ambition
» entre dans les cœurs qui peuvent la recevoir, et l'a-
» varice entre dans tous. Les désirs changent d'objets :
» ce qu'on aimait, on ne l'aime plus ; on était libre
» avec les lois, on veut être libre contre elles. Chaque
» citoyen est comme un esclave échappé de la maison
» de son maître. Ce qui était maxime, on l'appelle ri-
» gueur. Ce qui était règle, on l'appelle gêne. Ce qui
» était attention, on l'appelle crainte. C'est la fruga-
» lité qui est l'avarice, et non pas le désir d'avoir. Au-
» trefois, le bien des particuliers faisait le trésor pu-

» blic, mais, pour lors, le trésor public devient le pa-
» trimoine des particuliers. La république est une dé-
» pouille, et la force n'est plus que le pouvoir de quel-
» ques citoyens et la licence de tous. »

« Qui oserait affirmer que les Français possédaient
cette *vertu politique* dont parle Montesquieu? Je le dis
à regret, il n'y avait plus que le despotisme qui fût alors
possible en France. Et quand il en est ainsi, on doit
en désirer l'établissement, mais en tâchant de le miti-
ger par des institutions civiles qui soient appropriées
à l'état de la société, ce qui donne aux citoyens la plus
grande dose de liberté civile dont ils puissent jouir.
Jusqu'à ce qu'on ait atteint ce résultat, la nation, sauf
quelques exceptions, est ordinairement exploitée par
des associations d'intrigans qui ne connaissent aucun
frein, qui n'ont ordinairement aucun intérêt à sa prospérité, et qui peuvent la plonger dans un abîme de
sang... J'ose le dire, il n'y a point de gouvernement qui
puisse hâter plus promptement la démoralisation d'une
nation chez laquelle règne une civilisation très avancée,
que le prétendu gouvernement représentatif qui avait
été, en 1814, imposé à la France.

(Philosophie de la guerre.)

B.

Il était digne du génie complet de l'Empereur de
créer une seule et même décoration pour le civil et
pour le militaire. *L'honneur* faisait ainsi un lien de plus
entre ces deux parties de la société, et, comme disait
Napoléon, le tambour et le membre de l'Institut,
en voyant le même insigne briller sur leur poitrine,
apprenaient à s'estimer l'un l'autre. Mais il fallait son
bon sens et sa volonté, pour maintenir, quant à cette

décoration, le civil et le militaire dans de justes limites. Aujourd'hui la proportion est violée, le civil a usurpé sur la part de l'armée, et celle-ci, justement choquée, en est arrivée à souhaiter et à réclamer un ordre distinct. Il en devait être ainsi, le gouvernement, depuis vingt-cinq ans, ayant prodigué la Légion-d'Honneur aux peintres et aux musiciens du quatrième et du cinquième ordre. Il n'est pas aujourd'hui de sous-chef de bureaux qui ne regarde cette décoration comme lui étant due. Tout chef de division, tout chef de bureau regarde comme au-dessous de lui le premier degré de l'ordre et veut se parer de la rosette. Tout industriel enrichi considère le ruban rouge comme le complément indispensable de sa fortune. Du temps de l'empire, un préfet, un conseiller de cour suprême se trouvaient honorés de la croix d'argent. La garde nationale est venue porter le dernier coup à la Légion-d'Honneur. Un officier de cette milice est certain d'être décoré après trois ou quatre années de nomination, les chances lui sont dix fois plus favorables qu'à un officier de l'armée servant en Afrique. Durant l'empire, l'influence de la Légion-d'Honneur fut immense sur nos troupes. En l'attaquant et le déconsidérant, les bourgeois ennemis de l'armée ont montré en avoir reconnu la portée.

dégrm tm, 'a civil et la mutilaire dans de justent-
suite. Aujourd'hui la perpétuation est violée, je mis à
server sur la peau de l'encre et celle-ci, justement
attaquée, en est arrivée à son chef et à l'ancien r un
entre distinct. Il en résuit être ainsi, le gouverne-
avait, depuis vingt-cinq ans ayant prodigué la Légion-d'Honneur aux peintres et aux musiciens du quatrième et du cinquième ordre, il n'est pas aujourd'hui
de sous-chef de bureau qui ne regarde cette décoration comme lui étant due. Tout chef de division, tout
chef de bureau, a sous ses ordres trois dessous de lui la
premier degré d. l'ordre et voit au pecos de la rosette.
Tout industriel considère le ruban rouge comme
le complément indispensable de sa fortune. Un temps
de l'empire, un préfet, un conseiller de cour suprême
se trouvaient honorés de la croix d'argent. La garde
nationale est venue porter le premier coup à la légion-
d'honneur. En vertu de cette milice est certain
d'être décoré après trois ou quatre années de nomination, les chances de la croix sont aussi favorables qu'à
un officier de l'armée ou un fonctionnaire. Durant l'empire, l'influence de la Légion-d'Honneur fut immense
sur les troupes, ... qui a fait la déconsidération des
nombreux croix de la ... ... ont montré en avoir reconnu la portée.

www.ingramcontent.com/pod-product-compliance
Lightning Source LLC
Chambersburg PA
CBHW061400060726
47597CB00003B/930